Mario Javier Saban

Keter

El éxtasis de la eternidad

El poder de la Emuná desde la cábala

editorial Kairós

© 2023 Mario Javier Saban

© de la edición en castellano:
2023 Editorial Kairós, S.A.
Numancia 117-121, 08029 Barcelona, España
www.editorialkairos.com

Diseño cubierta: Editorial Kairós y Daniela Berdichevsky
Fotocomposición: Florence Carreté
Impresión y encuadernación: Romanyà-Valls. 08786 Capellades

Primera edición: Octubre 2023
Segunda edición: Diciembre 2023
Tercera edición: Enero 2024

ISBN: 978-84-1121-175-8
Depósito legal: B 14.509-2023

Este libro ha sido impreso con papel que proviene de fuentes respetuosas
con la sociedad y el medio ambiente y cuenta con los requisitos necesarios
para ser considerado un «libro amigo de los bosques».

A mis padres Violeta y David
A mi esposa Marisa
A mis hijos Max David y Lucas Eli

Con amor

Sumario

Prólogo y agradecimientos

Esta obra la escribí a comienzos del 2023 luego de reflexionar sobre varios asuntos fundamentales de la cábala hebrea. Este libro es fruto de mis pensamientos sobre la dimensión más elevada del Árbol de la Vida: Keter (la Corona). Sin embargo, lo que realmente se esconde entre los secretos que he revelado en este libro es el poder de la Emuná (confianza) y el entrenamiento que debe realizar el alma para llegar al éxtasis.

Es mi deseo dar las gracias a todos los que me han acompañado hasta llegar a este momento de mi vida.

Tras publicar mi obra *Raz. El Mesías* (enero de 2023) y aclarar allí que el alma tiene el poder de elevación hacia la matriz divina, he pensado que faltaba un libro que investigara el acceso a los estados más altos del alma.

Quiero dar las gracias en primer lugar a Dios por la energía que me ha entregado para llegar hasta aquí y por la vida que me ha dado, con sus obstáculos y felicidades.

Quiero dar las gracias a mis padres, Violeta Cuño (1943-2008) y David (1943), por la educación que he recibido y por el legado del judaísmo que he heredado.

A mi esposa, Marisa Ventura, que ha dado el paso de su retorno al judaísmo, por el profundo amor que tenemos y que Dios nos otorgue muchos años de vida juntos.

A mis dos hijos, Max David y Lucas Eli, porque siempre los llevo en el corazón. Que crezcan siempre dentro de la luz, que sus caminos sean senderos de elevación y tengan una vida llena de amor y de paz. Que Dios los bendiga y proteja siempre.

A mis hermanas, Roxana Rebeca y Lis Judith, y a mis queridos cuñados, Beto y Pablo, porque siempre me han acompañado en todo momento. Que Dios les otorgue muchas bendiciones, a sus hijos y a sus futuros nietos.

A mis amigos más cercanos, Lina Cami, Leonardo Meczyk, Josep María Ginesta Manzanares, Joan Prat i Caros y Jorge Barros, que nuestra amistad sea indestructible. Gracias por ser incondicionales. Un abrazo a los cinco.

A mis queridos alumnos de todos los países, a todos los directores de los grupos Sod 22 en todo el mundo, y a todos los seres humanos que todos los días trabajan por un mundo mejor.

Que todas las almas seamos merecedoras de la Corona (Keter)

En Barcelona, Sefarad, año 5783

MEIR BEN DAVID SABAN

1. El entrenamiento del alma

«No es ni con el ejército ni con la fuerza, sino con mi Espíritu,
ha dicho el Dios de los ejércitos».

ZACARÍAS 4.6

Si todos los fragmentos finitos nos conducen al infinito, entonces podríamos comenzar a estudiar desde cualquier espacio del universo y desde cualquier nivel. Y cualquier tema nos conducirá inexorablemente al Infinito divino. Y viceversa, desde el Infinito podríamos ir bajando hacia nuestra realidad fragmentada espacio-temporal y lograr percibir la luz divina en cada fragmento aparentemente independiente.[1]

Si cada fragmento finito espacio-temporal tiene en su interior la fractalidad de las diez dimensiones del Árbol de la Vida,[2] entonces

---

1.   La independencia de un «fragmento» es una ilusión dentro del campo de la fragmentación espacio-temporal, porque en realidad en lo oculto sabemos que todos los fragmentos están conectados en forma permanente y unos se influyen a los otros. Todo fragmento está influenciado a su vez por las condiciones donde se encuentra dicho fragmento; el propio universo espacio-temporal está condicionado por las vibraciones que el Infinito envía en forma permanente. Las vibraciones infinitas del Infinito se revisten como energías y van ingresando al universo.
2.   Para comprender mejor el Árbol de la Vida recomiendo mi obra *Sod 22. El Secreto* (Buenos Aires-Barcelona, diciembre de 2011).

podemos decir que todo nos conduce al Infinito.[3] Por lo tanto, la búsqueda de todo ente finito es lograr avanzar por cualquier camino posible hacia la potencia infinita de la matriz. El éxtasis se encuentra en la búsqueda misma.

Es más, podríamos decir que la información infinita se encuentra dentro de cada fragmento finito. En cierto modo, la información de todo el infinito se puede encontrar en cualquier sitio y en cualquier objeto dentro de esta realidad. Todos los fragmentos finitos espacio-temporales son contracciones del mismo Ein Sof. Las diferencias, pues, se encuentran en cada etapa de la contracción del Ein Sof. Por ese motivo podemos decir que en la sustancia somos todos parte de la información de la matriz, y que las diferencias operan en las diferencias espacio-temporales del universo. El universo finito sitúa nuestras fragmentaciones de acuerdo a sus necesidades estructurales. El deseo fundamental del universo es revelar la consciencia del Ein Sof en el campo de la finitud. Cada uno de nosotros está revelando continuamente con su sola existencia una luz del Ein Sof en esta realidad espacio-temporal. Sin embargo, si no comprendemos qué tipo de luz debe revelar cada alma, entonces no conocemos el sentido por el cual nuestras almas están encarnadas en este plano. Cada alma vino a revelar un tipo de luz de acuerdo a su propia naturaleza.

Todos los «Nombres de Dios» conceptualizan las diferentes autocontracciones del Ein Sof y explican con qué tipo de energía estamos operando en cada nivel.

Cada nivel es un nivel diferente de acuerdo a las diferencias entre

---

3.   En la cábala, sabemos que al Infinito se le denomina con el nombre de «Ein Sof», lo que no tiene fin, en realidad es lo que no tiene final ni principio. El Infinito divino de la mística judía es eterno y no se rige por el espacio y el tiempo, que son dos variables que existen dentro de nuestro universo finito.

las autocontracciones del Ein Sof. Por lo tanto, cada autocontracción del Ein Sof es la que crea el nivel de operatividad de las energías. Es decir, la naturaleza de las energías en cada nivel está condicionada por el nivel de autocontracción que se ha operado.

El nombre de Dios de cuatro letras (Iod-Hei-Vav-Hei)[4] demuestra el sistema de autocontracción del Ein Sof, y todo este sistema de autocontracciones opera en toda la realidad espacio-temporal de nuestro universo. Por ese motivo podemos decir que el Nombre de Dios es la explicación total del sistema de las autocontracciones divinas.

En la cábala, no solamente comprendemos en forma intelectual (Biná), sino que logramos integrar en nuestra alma lo comprendido (Jojmá). La integración completa la realizamos cuando oscilamos entre la Biná y la Jojmá creando la energía del Daat (Conocimiento/Consciencia).

Cuando ingresan energías desde el Ein Sof, entran por la dimensión de Keter[5] a nuestra alma. Recibimos oleadas de luz si estamos preparados para saber recibirlas.[6] La existencia física es un entrenamiento constante dentro de la luz.

El camino del judaísmo espiritual (cábala) desea otorgar luz en todo momento. Pero este deseo de otorgar luz solo puede ser com-

---

4. Habitualmente se le denomina como «Tetragrama» o «Tetragramatón».
5. Keter es la corona y es la dimensión más elevada, es el vacío que produce una profunda alegría en nuestro interior. Hay dos tipos de percepción del mismo vacío: cuando no comprendemos el funcionamiento del vacío, entonces sentimos el abismo; el Tehom, cuando comprendemos la función del vacío, entonces alcanzamos el grado de Keter.
6. ¿Cómo sabemos si estamos preparados para recibir esas luces superiores? Las luces superiores las podemos recibir cuando aceptamos y agradecemos cada minuto de nuestra existencia. La única forma de valorar nuestra existencia es con el agradecimiento constante. Cada vez que agradecemos a Dios y a los demás estamos valorando que eso que estamos agradeciendo nos está enseñando algo específico para nuestra alma.

pensado si sabemos en primer lugar recibir la luz divina. Y para poder recibir la luz divina debemos entrenar la vasija que debe recibir esta luz y debemos comprender el vacío máximo por donde se desplazan estas luces: la dimensión de Keter.[7]

El antijudaísmo, como todo lo «anti», lo que rechaza son las diferencias. La unidad de Dios se revela en la multiplicidad de las formas fragmentarias en el mundo de la fragmentación.

Algo sabemos: sabemos que no podremos alcanzar a conocer la infinitud del pensamiento de Dios.[8] Esta es una gran alegría para nosotros, una «buena nueva», porque nos encontramos ante un crecimiento espiritual infinito.[9]

Todos los fragmentos finitos somos potencialmente infinitos, en

---

7. Es curioso que, si percibimos el Árbol de la Vida eterna al revés, Keter, la dimensión más alta, está más cerca del Ein Sof, que hace de raíz, y las ramas más elevadas y alejadas de la raíz conforman la dimensión de Maljut, por lo tanto, en el Árbol, los frutos son las consecuencias energéticas más elevadas. La ventaja de Keter es su cercanía al Ein Sof (Infinito divino).

8. Todo conocimiento implica una distancia entre el conocedor y lo conocido; en un nivel, el conocimiento desaparece porque se anula la distancia, y entonces el conocedor y lo conocido se fusionan en una misma realidad infinita. Por ese motivo, en el universo del Adam Kadmón no existe diferencia con el mismo Ein Sof en los niveles superiores de Jojmá del AK (Ab-72) y en Biná del AK (Sag-63), porque recién aparece la «antigua emanación» a partir de la lámpara de oscuridad donde las iluminaciones superiores se convierten en las primeras energías emanadas de Ma-45 y de Ban-52. Podemos decir entonces que el Universo del Adam Kadmón se divide en dos partes: la primera parte del Universo se encuentra en el interior del Ein Sof, y la segunda parte sale del Ein Sof como una «emanación». Y aparece el universo de Briá o de la creación cuando el «Creador» se distancia de su universo creado. En el periodo de la emanación no existe el distanciamiento suficiente para hablar de «creación». Entramos en la fase de la «Creación» cuando ya existe una distancia donde lo «creado» aparece como independiente del «Creador».

9. Siempre podemos crecer cada día más, y este es nuestro deseo esencial. Nuestro deseo es que cada día y cada hora podemos continuar elevándonos hacia la luz.

cambio, el Ein Sof es potencialmente finito, por lo que el destino de todo el Ein Sof es siempre autocontraerse hacia los entes finitos y seguir fragmentándose *ad infinitum*.

La autoimposición de límites del Ein Sof a sí mismo es también infinita. Existen infinitos finitos, por lo que el Ein Sof puede producir infinitas limitaciones. Así que la limitación marca la finitud, pero no limita el potencial infinito de producir limitaciones.

Siempre se pueden crear nuevas limitaciones para crear nuevos tipos de fragmentaciones, y así hasta el infinito. Así que, incluso en lo oculto de la producción de los límites, no existen los límites sino una producción infinita de limitaciones.

Por lo tanto, podemos decir que la capacidad infinita del Ein Sof en la revelación de fragmentos finitos hace que no podamos hablar realmente de finitud, porque todas las finitudes son transitorias en el interior del Ein Sof. Todas las finitudes fragmentarias pueden retornar a la matriz única del Ein Sof.

El Ein Sof sale de su infinitud oculta y se revela a través de la fragmentación infinita de formas finitas. El fragmento finito sale de su finitud oculta y se revela elevándose hacia el Infinito. El alma, como posee la fractalidad de las dimensiones, opera en el infinito del sistema de fragmentación, pero también puede comprender los caminos de fractalidad de todo el universo. Es decir, que como cada dimensión de las diez tiene en su interior las diez subdimensiones, estas últimas reflejan todo el sistema. Teniendo cada alma todo el sistema cosmogónico en su interior, posee posibilidades infinitas de bajar y subir a través de la fractalidad del Árbol de la Vida.

El camino del Ein Sof es el de bajar a la fragmentación espacio-temporal y revelar así la posibilidad infinita de fragmentarse y

autocontraerse.[10] Ser conscientes de este proceso continuo hace que
el fragmento ingrese en un estado de éxtasis porque todo fragmento
consciente sabe que no existe como tal en su estado de limitación.
El deseo potencial provoca en el alma un éxtasis, porque siente que
es finito e infinito al mismo tiempo. Tiene la potencialidad infinita
y al mismo tiempo es finito en los niveles inferiores de la realidad.
Es por ese motivo por el que los cabalistas describen cinco niveles
del alma para que podamos comprender que, de los niveles más
densos de la finitud, el alma puede elevarse al Ein Sof por su propia
estructura interna. Dentro de nuestra alma tenemos el camino de la
fractalidad hacia el Ein Sof, y también conocemos los niveles del
alma que se corresponden con los universos.

El camino de nuestras almas finitas es alcanzar los niveles infinitos ocultos detrás de todos los velos. Y esto es lo que otorga el sentido más profundo a nuestras vidas. Seguiremos destruyendo velos
porque vamos comprendiendo mejor las leyes que operan dentro del
universo; por eso el aumento del nivel de comprensión nos llevará
inexorablemente a comprender que se multiplicará nuestra energía
por la mejor distribución. Las modificaciones materiales se acelera-
rán dentro del campo más denso porque los niveles de abstracción
alcanzados desearán bajar al campo material. Conoceremos misterios
que no creíamos que existían. Todas las ciencias siguen avanzando
en la constante revelación de la Tora infinita. Convertir la Torá en
infinita y no atada al texto literal le ha otorgado al judaísmo la fuerza
de comprender el deseo infinito del alma. Por lo tanto, el judaísmo

---

10.   En la tradición de la cábala utilizamos el relleno del «Nombre de Dios». El relleno
       (Milui) también se designa como la «extensión del Nombre de Dios», y cada
       letra pasa a decodificarse como una palabra. Cada nivel de «decodificación» hace
       descender la energía hacia los niveles inferiores de la realidad.

puede enseñarle al resto de la humanidad este esquema espiritual para la liberación de todas las almas.

Durante siglos, las limitaciones materiales fueron las que nos dominaron. Con el avance tecnológico hemos logrado «ahorrar» mucho más tiempo para el alma. Esta es la primera generación que se encuentra ante el desafío de mucho tiempo disponible para su crecimiento.[11]

Las generaciones anteriores se «consolaron» en el Dios infantil porque las condiciones materiales de limitación eran severas (muertes infantiles, enfermedades incurables, poco tiempo de vida, insalubridad, etc.). El avance material de los últimos dos siglos nos sitúa en un punto de inflexión con relación al alma.

Tenemos una gran capacidad material, pero nos encontramos buscando la conexión con el Ein Sof sin el deseo ya de consolarnos. El consuelo[12] terminó encerrado en la religión y los poderes religiosos operaron con el miedo de las personas. Las almas liberadas de tantas restricciones de la materia ya no buscan consuelo a sus preocupaciones y limitaciones porque el avance material las ha liberado de allí, ahora las almas realmente buscan la luz divina. En el nivel de la dimensión material (Maljut), el avance económico y

---

11.   El problema actual de tener tanto tiempo disponible es organizarlo para lograr un avance más profundo hacia la luz. Cuando una persona ingresa dentro del estudio y la experiencia de la mística judía se encuentra, no hay tiempo que perder. La cantidad de trabajo que el alma tiene por delante (el deseo potencial infinito) hace que el alma se sienta feliz porque ahora encuentra un camino infinito. ¿Qué importan los resultados? Cuando el alma se abre al camino infinito y desarrollo, su deseo potencial infinito vive en constante éxtasis. Nadie del exterior nos puede arrebatar el éxtasis que alcanzamos en este proceso interminable de crecimiento.

12.   El consuelo es un signo de la etapa infantil de las almas inmaduras. Con la madurez de las almas y la elevación del nivel de consciencia, entramos en otra etapa más alta del desarrollo, dejamos la etapa infantil de las almas para ingresar en la etapa de la adultez.

tecnológico nos ayudó a tener más tiempo disponible; y en el nivel social y con relación a nuestra sexualidad (Yesod), la psicología y el avance de la mujer operaron liberándonos de las restricciones de estas dos dimensiones.

Ahora nos encontramos con nuestro Yo interior (Tiferet) y con la corrección de la oscilación interna entre lo femenino (Biná) y lo masculino (Jojmá). Somos la primera generación que tenemos el privilegio de ocuparnos del alma sin las restricciones materiales que hemos tenido durante la historia. De aquí en adelante aparece una gran responsabilidad porque tenemos demasiadas energías que pueden entrar en desequilibrio. Cuanto mejor estamos en el campo material, más energías acumulamos que quieren ser reveladas y, si no organizamos estas energías, entraremos en más guerras y conflictos. La única forma que tenemos las almas de adecuar nuestras energías es con nuestro trabajo interior. Si nos sobran energías y no tenemos un mapa del alma, entonces vamos a desperdiciar las energías en conflictos y guerras inútiles. Estamos asistiendo a una gran pérdida de tiempo y energías en cuestiones inútiles que no ayudan a la construcción de la humanidad.

La prueba de esto es que los recursos económicos de los países siguen dirigiéndose a tener cada vez más armamento que al final se tendrá que utilizar contra nosotros mismos. Es decir, la desviación de los recursos al campo militar es el suicidio de la humanidad. Todos los ejércitos del mundo deben unirse para crear una fuerza unificada preparada para defender la Tierra de la existencia posible de civilizaciones que no necesariamente tendrán una consciencia elevada. ¿Y si todas nuestras guerras no son más que un juego suicida para nuestra desaparición? La rectificación del universo (Tikun Olam) es la energía que poseemos para la reprogramación de toda nuestra naturaleza. Es elevar la materia a su esencia energética.

No podemos caer en la ingenuidad de creer que todas las civilizaciones extraterrestres serán bondadosas.[13] Pueden ser tecnológicamente avanzadas pero no éticamente adelantadas. Nosotros mismos somos la prueba de esto: estamos avanzando tecnológicamente, pero seguimos organizando guerras como en la prehistoria.

Debemos revelar la consciencia de nuestra alma, debemos revelar la consciencia de la humanidad, pero al final el universo está llamado a ser «colonizado» por las fuerzas de la consciencia. Si existen cáscaras de oscuridad (Kelipot) cosmogónicas es que pueden existir civilizaciones klipóticas.

Por otra parte, la cantidad de recursos económicos que los países siguen desviando para el armamento hacen que la población mundial continúe sufriendo una carencia material innecesaria. La pobreza material es un problema espiritual como consecuencia del desvío de las energías de la luz hacia campos oscuros. Todos los problemas materiales son en realidad problemas espirituales.

Por este motivo, nuestro objetivo será el de superar[14] todas las

---

13.   Todos los ejércitos del mundo deberán coordinarse para crear un verdadero ejército protector del planeta. Es un peligro malgastar las energías entre nosotros. La humanidad tiene que ingresar en otro estadio de su evolución de consciencia. Tenemos que ajustar las instituciones a esta realidad futura antes de que sea demasiado tarde para la humanidad.

14.   Esta «superación» tiene como objetivo una «construcción» en un nivel superior. No se destruye una realidad, sino que se la trasciende porque siempre existen elementos de la realidad anterior que son la base de la nueva información que ingresa. Cada elemento nuevo que se agrega en realidad se encontraba anteriormente en los niveles ocultos de la realidad. Con cada «Sod» que revelamos lo que logramos es expandir nuestro conocimiento de la divinidad dentro de nuestra percepción limitada. Sin embargo, la expansión de nuestras vasijas es potencialmente ilimitada y es esta característica la que impulsa el potencial del deseo infinito.

limitaciones y condicionamientos que nos impiden el acceso a la matriz o, por lo menos, la máxima cercanía a su esencia (Atzmut).[15]

Así pues, el desarrollo de nuestra Biná (Entendimiento) al servicio del alma en general debe ser la estrategia de organizar el tiempo, el espacio y todos los recursos de la luz al servicio del aumento de la consciencia universal. Estamos desviando una gran cantidad de energías hacia bucles sin salida. Estamos perdiendo tiempo, espacio y energías en los celos, las envidias, la competencia, y todo esto termina en la agresión y en el conflicto.

Las almas organizadas en su interioridad deben marcar la dirección adecuada para todas las energías. Debemos todas las almas en conjunto elevarnos y modificar la actual estructura política en aras del Reino de Dios.

Nada ni nadie puede impedirnos este crecimiento hacia la luz. Siendo luz nosotros, estamos destinados a dirigirnos hacia la matriz de toda la realidad.[16] El camino hacia la luz infinita de todas las almas es un camino que no se puede detener. Aunque los gobiernos crean que pueden detener estos procesos espirituales interiores, no lo lograrán porque la luz de cada alma es libre en su interior y porque las almas no quieren sufrir. ¿Por qué motivos no se acelera este proceso espiritual? Porque se ha probado que gran parte de los lideres espirituales siguen teniendo egos descontrolados; el verdadero trabajo lo debe realizar cada una de nuestras almas y organizar adecuadamente las energías interiores para revelar lo mejor de nosotros mismos.

Aquellos que nos hacen sufrir es porque se encuentran desconec-

---

15.   Atzmut es la esencia oculta del Infinito.
16.   Quizás debemos hablar de «realidades» porque la realidad la percibimos desde distintos niveles de acuerdo al desarrollo del nivel de Consciencia (Daat).

tados del Dios-Infinito. Quien hace sufrir a otros está provocando que sufra todo el sistema en su conjunto. Si las almas evolucionaran, entonces podrían controlar la locura de los gobiernos actuales y su sistema de control del viejo paradigma.

Las almas conectadas con la matriz de Dios un día revelaran la luz. El poder político se desintegrará cuando la luz de Dios nos ilumine a todos. Ni la religión infantil ya nos otorga consuelo, pero tampoco las ideologías que han desconectado la materia de la realidad espiritual. Cada alma sabe la luz interior que tiene, y este poder interior no puede ser anulado ni con la muerte ni con la cárcel ni con la destrucción, porque el destino de la luz es ser revelada a pesar de todos los intentos de desviación[17] de las energías.

Si aparecen «obstáculos», debemos saber que estos están diseñados para ser superados. Es posible que no puedan ser superados en el tiempo presente, pero debemos construir estrategias de superación constante. Un ejemplo de esto es el aislamiento que tenemos de nuestro «Yo» para alcanzar a captar la luz dentro de la soledad del «Yo». Lamentablemente existe una relación negativa con la soledad del Yo, porque el Yo «solo» a veces se confunde con el sentirse «abandonado». Ningún «Yo» está abandonado, a pesar de que todo «Yo» en cuanto «Yo» siempre estará solo.

El «Yo» está definido por las limitaciones de la identidad subjetiva, y en ese sentido todo Yo se debe sentir solo porque es el precio que

---

17. La desviación de las energías se produce con el fin de que el alma busque el conocimiento místico para el ajuste y organización de estas. Los resultados de todas las desviaciones de energía terminan en la falta de paz interior del alma. Cada alma puede acceder a un estado de paz interior si logra corregir anticipadamente los posibles desvíos de las energías. La sabiduría opera en el largo plazo y, por lo tanto, debe intuir el futuro para operar sobre él, y el entendimiento opera en el corto plazo revelando los resultados exteriores que necesita la luz secreta de la sabiduría.

paga cada fragmento al sentir la independencia. La independencia de cada fragmento es una ilusión que nos otorga el Ein Sof para que podamos sentir su mismo sentir. El Ein Sof es quien siente realmente el estado de independencia total, porque lo único independiente es el Ein Sof. Todos los fragmentos somos dependientes de la matriz infinita y de todos los condicionamientos espacio-temporales de los demás fragmentos.

Por lo tanto, la sensación de soledad del Yo debe sentirse como la oportunidad de imitar la soledad feliz[18] del Ein Sof. La sensación de «abandono» es cuando sentimos la independencia como desconexión.[19] La independencia en un nivel se refleja como dependencia

18. En esencia, el Ein Sof conoce que todos los fragmentos son él mismo dentro de las limitaciones finitas espacio-temporales. Si todos los fragmentos nacen y mueren en el campo de la fragmentación, el Ein Sof no puede renunciar a su infinitud, y cuando se autocontrae, lo que podría ser considerado una renuncia a su infinitud, es otra forma de manifestación de su misma infinitud. Por ese motivo, podemos decir que todos los fragmentos finitos son manifestaciones finitas de la capacidad infinita de fragmentación del Ein Sof. En las finitudes, el Ein Sof se autorrevela. Sin embargo, cada finitud es una máscara diferente de la misma esencia. Al autorrevelarse, en los niveles de las contracciones aparecen las manifestaciones finitas que sienten que existen en los niveles inferiores del universo.

19. La independencia del Yo es real en el nivel del Yo (Tiferet) y no es real en los niveles más elevados; siendo la Neshamá subjetiva, aún podemos sentir la independencia del alma dentro del universo de Briá. En cambio, en los niveles más elevados del alma, ya existe una sensación de unidad con la totalidad. Cuando subimos a los niveles superiores de nuestras almas podemos conectarnos con las energías operativas de esos niveles y bajar la luz de dichos niveles. Lo extraordinario de las luces superiores es que se pueden adherir a la Neshamá. Si la Neshamá se entrena adecuadamente en los niveles inferiores, puede elevarse a los niveles superiores. La luz que podemos alcanzar en los niveles superiores solo es posible alcanzarla por el entrenamiento dentro de los límites más estrechos de los universos inferiores. Maljut es la dimensión más importante en el entrenamiento para acceder a la luz del nivel de Keter. Buscamos, pues, en forma permanente diversas estrategias para alcanzar luces ocultas que no han sido aún reveladas. Esas luces ocultas, cuando son reveladas, operan dentro de marcos conceptuales nuevos y exploran así realidades ocultas que se revelan. Si tenemos las

total en los niveles superiores. Existimos como independientes, pero somos reflejos directos de la luz infinita y eterna.

Por esta razón, el primer trabajo de todo fragmento consciente de su independencia es percibirla como una oportunidad única de sentir la felicidad de «ser algo»[20] a pesar de que en los niveles superiores sabemos que somos «nada».[21]

---

herramientas lingüísticas para acceder a esas zonas ocultas de la realidad, entonces podremos comprender ciertos tipos de energías que no alcanzaron aún a ser reveladas. Por este motivo, la flexibilidad del Daat es clave a la hora de entrenar al alma. El estudio debe impulsar la búsqueda de nuevos temas que se abren en forma permanente, y estos temas estaban ocultos con el fin de que cada alma determinada encuentre el sentido de su existencia en relación a lo que revela. Es decir, lo que se revela por parte de cada alma es el camino de dicha alma. En la revelación de la información oculta es donde se revela al mismo tiempo la función de cada alma dentro de esta realidad. Por eso, el alma no debe buscar el sentido por el cual se encarnó, sino que debe revelar las luces ocultas, y cuando las revela, se le revela al mismo tiempo el sentido por el cual encarno, porque cada alma encarna con el objetivo específico de revelar un cierto nivel de luz. Las luces que cada alma revela en realidad no solamente revelan dichas luces, sino que revela la función y el sentido de su existencia.

20. El ser «algo existente» dentro de esta realidad física no es una ilusión, es una realidad espacio-temporal limitada. Por supuesto que sustancialmente somos «Nada» frente al continuo que proviene de la matriz del Ein Sof, pero la «existencia» es una forma fragmentada de revelación del Infinito dentro de la finitud. Así que lo importante de la subjetividad del alma radica en que cada una de nuestras almas puede percibir un tipo de luz diferente de acuerdo a su posición espacio-temporal. Esta diferencia en el campo de la fragmentación enriquece nuestra capacidad de crecimiento infinito. Todos los fragmentos finitos nos necesitamos porque estamos revelando un tipo de luz especial.

21. Se debe lograr la felicidad de ser algo y ser nada al mismo tiempo, es decir, el verdadero «éxtasis» se alcanza cuando el Yo se define en sus limitaciones como algo y deja de definirse en los niveles superiores sintiéndose nada. La felicidad real se alcanza cuando podemos oscilar desde el Nefesh (el nivel más bajo del alma) hasta la Iejidá (el nivel más alto del alma). Debemos oscilar entre el Yo y el No-Yo y debemos oscilar entre el universo y el Ein Sof. Debemos oscilar en todos los niveles.

Ahora bien, debemos oscilar entre el «algo existente»[22] y la «nada dentro de la totalidad». Esta oscilación se produce entre los niveles más bajos de la autocontracción y la matriz divina del Ein Sof.

Cuando nació nuestro universo se produjeron varias situaciones simultáneas, una de ellas fue la creación de un círculo y una línea.[23] El círculo fue el punto de concentración de la energía antes del Tzimtzum Alef. Luego del punto, ingresó el Kav en forma de línea, pero no de una línea recta, sino de varias líneas convergentes hacia el punto. La forma real fue la de un remolino extendido hacia el Ein Sof y concentrado sobre un punto de penetración hacia abajo. La realidad nació de una explosión que produjo un cono espiralado que perforó el Ein Sof.

Nosotros, como fragmentos finitos espacio-temporales y fractales de todo el sistema, también tenemos en nuestro interior estas dos percepciones: la percepción circular[24] y la lineal.[25] Estas dos percepciones deben «oscilar» entre sí. Es por esa razón por la que la oscilación constante entre ellas nos permite comprender la realidad en la que existimos. Así como la letra negra de este texto está

---

22.   La existencia es la consecuencia de la revelación de lo «oculto» y la no-existencia es la prueba de que lo oculto es ilimitado. La felicidad se encuentra en conectar lo oculto con lo revelado en forma permanente. Siempre podemos «revelar» algo que se encuentra oculto, y la felicidad de revelar lo oculto significa que hemos encontrado el sentido de nuestra existencia. Las almas solamente se revelan para revelar lo que se encuentra oculto. Las almas sufren cuando solo imitan a otras almas. En la imitación del camino de los demás, no podemos encontrar la felicidad porque somos deshonestos.

23.   La línea nunca es recta, siempre es diagonal en su oscilación por el efecto del círculo, y el círculo nunca es círculo, sino que es espiral por la desviación de la diagonal. Las líneas son todas diagonales y los círculos son todos espirales. Hay una conexión entre ambos.

24.   La percepción circular la puede captar la dimensión de la Jojmá.

25.   La percepción lineal la capta la dimensión de la Biná.

oscilando con el fondo blanco para que el lector pueda leer lo que está leyendo.[26]

Ambas son necesarias para operar dentro del misterioso universo en el que existimos. Porque en cada nivel de la autocontracción general sabemos que necesitamos otros instrumentos de medición para medir lo que estamos experimentando.[27]

Cada autocontracción ha creado un nivel con sus propias leyes, y estas leyes cambian de acuerdo al nivel en donde nos encontremos.[28] Así pues, debemos estudiar profundamente los niveles[29] donde operan nuestras energías para que realmente podamos operar en forma

26. «Tinta» en hebreo tiene las mismas tres letras que la letra Iod extendida. Tinta se dice «Dio», Dalet, Iod y Vav. Dentro de la tinta, de modo oculto, se revela el inicio de la divinidad.

27. Los seres humanos tenemos el privilegio de que operamos sobre diferentes sistemas de autocontracción con sus propias leyes, pero estos sistemas están unidos dentro de un sistema general superior. Así como el universo tiene en cada nivel de su realidad diferentes niveles de leyes físicas que operan dentro de la teoría del Todo.

28. Las diez dimensiones (Sefirot) son diez autocontracciones dentro de toda la realidad del universo y de la realidad del alma humana. Hay que saber exactamente desde qué dimensión estamos analizando la realidad, o desde qué dimensión estamos actuando para lograr comprender la situación. Una misma situación se puede analizar desde diez perspectivas diferentes de acuerdo a las diez dimensiones. Es por ese motivo por el que debemos ser muy cuidadosos en prejuzgar, porque no sabemos exactamente (si no estudiamos) en qué dimensión nos encontramos o en qué dimensión se encuentra el otro.

29. Por eso, en la cábala estudiamos los diferentes universos como grandes niveles de autocontracción de la divinidad y las diferentes dimensiones dentro de cada universo, como subcontracciones dentro de las grandes autocontracciones, y muchas veces llegamos a estudiar las subdimensiones dentro de las diez dimensiones del Árbol de la Vida como sub-sub-autocontracciones de la divinidad. En el nivel de las subdimensiones en general, los cabalistas ponen un límite al proceso de fractalidad infinita de sub-sub-dimensiones dentro las 100 subdimensiones. La mitad inferior de las 100 subdimensiones se operan en el proceso de rectificación de Shavuot donde, en la cuenta del Omer, trabajamos las 50 subdimensiones inferiores del Árbol de la Vida. En realidad, desde la cábala logramos trabajar las 100 subdimensiones.

adecuada, de lo contrario, si confundimos los niveles de autocontracción, entonces no podremos operar como se debe en cada nivel. Hay que conocer todos los condicionamientos de cada nivel para saber cómo se debe operar allí.

Por esta razón, si analizamos el sistema Bet[30] de fragmentación sin conexión con el Ein Sof y el nacimiento del universo, se vuelve imposible un análisis correcto.

Todo fragmento finito debe reconocer la potencialidad de su deseo infinito;[31] si no existe tal reconocimiento,[32] entonces el fragmento por sí solo puede paralizar el avance hacia su destino divino.

Es decir, si un fragmento finito quiere buscar en su propia finitud su función, no la podrá encontrar porque la función de todo fragmento finito es autotrascendente, es salir de sí mismo hacia el universo, es retornar las energías subjetivas[33] hacia la matriz.

Lo finito y lo infinito son dos aspectos del mismo Dios, sim-

---

30. Denominamos como sistema Bet de fragmentación a la realidad de nuestro universo de la fragmentación. El universo de Bría es la matriz del sistema Bet donde la realidad luz-oscuridad es dual. Por ese motivo, la letra hebrea Bet equivale al número dos, que simboliza la dualidad en la que existimos. Esta dualidad, al tener diferentes matices entre ambos extremos de esta realidad, la denominamos como sistema Bet de fragmentación. La dualidad marca los extremos del sistema dual, pero dentro de dicha dualidad existen infinitos matices fragmentarios.

31. Este es el primer paso hacia el éxtasis del alma. Reconocer el deseo infinito es clave para vivir una vida feliz.

32. Sin la capacidad de identificar la función «trascendente» el fragmento finito puede vivir aterrorizado encerrado en su propia subjetividad. Los límites de la subjetividad del Yo marcan una situación dual de seguridad/inseguridad que atemoriza a cualquier alma. Para que el alma alcance su paz interior debe salir de la dualidad seguridad/inseguridad comprendiendo que los límites del Yo existen en un plano inferior de la realidad, pero que en el plano superior todos somos parte de una unidad esencial.

33. Porque, como sabemos, las energías subjetivas no son subjetivas, son cosmogónicas dentro de un envase subjetivo.

plemente que nosotros operando desde lo finito tenemos que desarrollar nuestra luz interior para elevarnos. En realidad, lo que llamamos elevación puede ser conceptualizado como unificación de la misma luz.[34]

La luz divina del alma con la luz divina del universo y la luz divina del universo con la luz divina del Ein Sof. En realidad, es la misma luz en diferentes posiciones.

Debemos analizar la realidad desde abajo hacia arriba y desde arriba hacia abajo, desde el lateral derecho al lateral izquierdo, y viceversa,[35] desde la nada y desde la existencia de algo, es decir, debemos considerar que todas las aparentes polaridades contradictorias están oscilando en todo momento en forma permanente.

---

34. La luz dentro de cada alma o dentro de cada fragmento del universo es la misma luz en el campo finito de la Luz infinita; por lo tanto, lo que denominamos como «elevación hacia la luz» en realidad es un trabajo de unificación de mi fragmento finito con el Infinito. El Infinito me marca el deseo de mi desarrollo del potencial infinito de luz. En este sentido, cuando el alma conoce esta potencialidad infinita, siempre sabe que puede revelar un nivel de luz oculta superior. Este proceso de crecimiento crea un éxtasis interior capaz de elevarse a niveles inimaginables. La vida no es simplemente la resistencia biológica del «héroe», es además la extracción del potencial expansivo de la luz del alma. El alma no solo debe refugiarse en su interioridad, sino que debe salir a revelar la luz al exterior. Hay, por lo tanto, dos etapas de trascendencia del alma. La primera etapa, la convicción de que tengo la energía interior para trascender, los cambios de percepción interior, el tiempo que le dedico al estudio y mi crecimiento personal, es decir, la etapa de acumulación de energías interiores dentro de mi alma que me otorgan la fuerza suficiente para tener la suficiente confianza (Emuná) en las energías cosmogónicas que habitan en el interior de mi alma. La segunda etapa es cuando ya no tengo más alternativa que lograr la revelación de la potencia interior acumulada. Cuando «acumule» una cantidad de luz tan alta no podré inflar el Yo de modo que cause finalmente un desequilibrio a mi interioridad y lo egoico se disfrace tomando mi trabajo interior como zona de seguridad. Tenemos que pasar siempre a la segunda etapa de la «trascendencia», que es cuando el alma realiza el salto hacia el exterior.

35. Para comprender esto, hay que conocer el mapa del Árbol de la Vida eterna.

Quizás el gran trabajo de la cábala no fue el de elevarse hacia la unidad infinita del Ein Sof, sino que fue el de descender hacia la máxima fragmentación tratando de revelar la unidad esencial dentro de cada fragmento. Subir y conectarse con el Ein Sof se puede lograr, pero acceder a la luz interior dentro de cada fragmento en el campo de la máxima densidad de la materia es una de las labores más difíciles que tenemos.[36]

Aunque nosotros creemos que la luz oculta se oculta en el interior del Ein Sof,[37] la luz se revela con mayor fuerza a medida que vamos ascendiendo, y a medida que vamos descendiendo la misma luz se reviste de muchas capas de densidad.

La luz se oculta más dentro de la materia que en el Infinito. Las Kelipot son las cáscaras que ocultan la luz dentro de esta realidad material. En realidad, en los extremos nos encontramos con luz oculta

---

36.   Porque, por la naturaleza del alma, esta desea la luz divina del Ein Sof.

37.   En realidad, sabemos que la luz oculta del Ein Sof (Or Ein Sof) se puede considerar como luz revelada dentro del mismo Ein Sof, porque existe un nivel de ocultamiento total que es el Atzmut, donde existe el nivel vibracional y donde ya no hay luz allí. Las vibraciones pertenecen a los niveles de Ab-72 y de Sag-63, que no son aún luces. Para que exista la luz en el interior del Ein Sof tiene que producirse el choque de vibraciones altas y bajas, y esto se produce en el universo del Adam Kadmón, que es un universo totalmente interior dentro del Ein Sof. Este universo del Adam Kadmón tiene dos partes: una parte revelada, las energías de luz de Ma-45 y de Ban-52, y una parte oculta, que son las vibraciones masculinas de Ab-72 y las vibraciones femeninas de Sag-63. Las vibraciones no se pueden revelar nunca como vibraciones; estas vibraciones se tienen que revelar como luces a través del proceso de choque de la lámpara de oscuridad (Butzina di Kardinuta). Ahora bien, existe un secreto: detrás de las luces más sutiles que se encuentran en nuestro universo, podemos acceder a un campo vibracional interior que se relaciona con las vibraciones de la esencia del Ein Sof. Estas vibraciones se conocen en la tradición de la cábala como «iluminaciones» (esto lo explica con muchísimo detalle el cabalista Moshe Jaim Luzzatto, 1707-1747).

en el interior de las Kelipot y luz oculta dentro del Infinito por inalcanzable. Son dos tipos de ocultamiento diferentes.

La luz de las Kelipot se revela si hacemos un esfuerzo por comprender los niveles inferiores de la realidad de nuestro universo espacio-temporal. En cambio, la luz del Ein Sof no se nos revela tan fácilmente porque nuestras limitaciones frenan la expansión de nuestra vasija. Y debemos respetar esas limitaciones cuando sentimos que el alma más allá no puede soportar tanta luz. Pero cuando el alma ya entrenó en ese nivel de luz, entonces estamos preparados para «traspasar» el límite. Aceptamos los límites transitoriamente para prepararnos mejor a fin de cruzarlos. En el fondo, nunca aceptamos los límites de modo definitivo, pero sí los aceptamos de modo transitorio para que la estructura de nuestra vasija pueda soportar la luz en el nivel en el que se encuentra. Oscilamos entonces entre aceptación y no-aceptación. Aceptamos los límites del lado izquierdo del Árbol de la Vida para no aceptarlos del lado derecho y volver a cruzarlos. El deseo del alma siempre es cruzar los límites, pero como estamos encarnados debemos respetar el nivel de entrenamiento de la vasija.

Las limitaciones son flexibles,[38] porque son estructurales, pero al mismo tiempo son transitorias. Lo flexible provoca que todo límite sea transitorio, pero esos límites son estructurales pero no fijos. Es decir, la estructura de la realidad del universo es flexible y siempre está en constante movimiento porque siguen ingresando las luces provenientes del Ein Sof.[39]

---

38. La flexibilidad de los límites se comprende mejor a través del aumento del Daat. Si el Daat no aumenta, entonces se va perdiendo flexibilidad en los límites de la vasija, a tal punto que los límites que siempre son transitorios se convierten en límites fijos por el dogmatismo.
39. Esta energía que ingresa en el universo desde el Ein Sof es la variable que aún los

La luz del interior de las Kelipot solo se revela con un gran esfuerzo por nuestra parte; esa luz no se revela por ampliación del Kli (recipiente o vasija), sino que se revela cuando comprendemos el funcionamiento del mal.[40]

Cuando no comprendemos el funcionamiento del mal, entonces aparecen las cáscaras que nos impiden percibir sus luces interiores. Por lo que podemos decir que, cuando a través del Daat comprendemos el funcionamiento del mal, liberamos las luces interiores de las Kelipot. En cambio, cuando la vasija se amplía, entonces subimos y captamos las luces ocultas en el interior del Ein Sof. En el proceso de elevación por la expansión de la vasija, la primera luz que encontramos es la de nuestra Neshamá. Esta luz nos permite conocer el sentido por el cual el alma encarnó en esta realidad material. Cuando logramos integrar esta luz,[41] entonces podemos subir al nivel de la

---

físicos no han encontrado, pero que se revelará en el futuro. El contexto en el que se encuentra el universo es el mismo Ein Sof.

40.   Se podría decir que la comprensión del funcionamiento del mal implica una expansión de nuestra vasija. Lo que sucede si no comprendemos el funcionamiento del mal es que la vasija se puede quebrar. Una vasija que no comprende el mal y su función es una vasija que no solo no se podrá expandir, sino que además puede sufrir su quiebre permanente. La comprensión del funcionamiento del mal es para cuidar de nuestra vasija no para expandirla. Tras comprender el funcionamiento del mal y asegurarnos de que la vasija no tendrá rupturas en su interior podremos comenzar la expansión de la vasija hacia la luz. Una vasija se puede quebrar de acuerdo al nivel de inflexibilidad mental de la Biná.

41.   En general, el trabajo de integración de la luz del nivel de la Neshamá nos puede llevar toda la existencia física antes de elevarnos a los niveles superiores. ¿Existe la posibilidad de elevarse a los niveles superiores sin integrar la luz de la Neshamá? Por supuesto que el alma puede acceder a las luces superiores de los niveles más elevados de Jaiá y de Iejidá, pero esa información debe servirle a la Neshamá para su consolidación. No debemos exaltar los viajes a los universos superiores sin comprender el sentido de estas elevaciones hacia la luz, que es el fortalecimiento del nivel de la Neshamá, porque la Neshamá es la más alta subjetividad que poseemos.

Jaiá, donde encontramos el potencial de la luz de la Neshamá, es decir, la luz del nivel de la Jaiá nos permite acelerar el proceso de crecimiento hacia el Ein Sof.

En ese nivel debemos reforzar los sistemas de organización del pensamiento (Biná),[42] porque si queremos ascender a los niveles superiores del alma, debemos estar preparados para realizar los procesos de integración más eficientes. Si no logramos entrenar la Biná en la organización conceptual de los contenidos a los que accedemos, entonces la luz del nivel de la Jaiá nos puede enceguecer. Es decir, la única forma de revelación de la luz de los niveles superiores es fortalecer la Biná.[43] Tiene que existir una equivalencia entre el desarrollo de la Biná y el nivel de luz al que estamos accediendo: a medida que subimos y captamos mayor luz, mayor tiene que ser la organización de las limitaciones conceptuales. Cuanta más luz recibo, más debo entrenarme en organizar mejor la luz que voy a revelar a través del sistema de distribución de las siete dimensiones inferiores.[44]

42. Es importante reforzar lo intelectual para coordinar las energías provenientes del campo intuitivo. La exaltación que se realiza en ciertos ambientes espirituales de la «sola experiencia» abandonando lo intelectual es la negación de una dimensión importante como la Biná.

43. El fortalecimiento de la Biná no implica que operaremos exclusivamente con la Biná en desmedro de las otras dimensiones.

44. Las almas que tienen conflictos interiores por falta de rectificación pueden exteriorizar su agresividad hacia otras almas. ¿Qué se hace con la agresión de las otras almas? Maimónides dice que hay que apartarse de los necios y no derrotarlos. Lo que está diciendo el filósofo hebreo es que debemos ahorrar nuestras energías para construir y no para defenderse sin sentido. Las almas muy desequilibradas que no hacen su propia rectificación quieren agredir a los demás. Me ha sucedido que, con la excusa de «debatir» conmigo, algunas de estas almas me han incluso agredido en forma personal sin justificación alguna. Muchos de mis alumnos me explican que a veces se enredan con almas altamente agresivas que les descargan su agresividad. Estas agresiones son altas acumulaciones de energías que se revelan del peor modo. Es

La organización de las siete dimensiones inferiores[45] depende de la Biná, y el nivel de luz que podemos captar cuando ascendemos a los niveles superiores también depende de la Biná. Por lo tanto, la Biná actúa como una interfaz entre la luz que recibimos del Ein Sof y nuestra capacidad de distribución de estas energías.

Podemos caer en el problema de creer que la única forma de acceder a la luz de los niveles superiores es liberándonos de la capacidad conceptual (racional) de la Biná, y justamente estamos explicando que la única posibilidad que existe de elevarse hacia los niveles superiores en forma correcta está fundamentada en la capacidad de distribución y organización de estas energías hacia abajo. Y esta organización y distribución la realiza la dimensión de la Biná.

Sin embargo, existe en los ambientes espirituales cierto tipo de antiintelectualismo que insiste en que la experiencia sensible lo es todo. Esto es una gran equivocación porque, para integrar la experiencia, debe existir una modificación de la percepción y esa modificación se realiza a través de la Biná. No existe una integración adecuada de la luz si antes no hacemos el trabajo de cambio de percepción de la Biná, que es la dimensión que tiene la función de integrar adecuadamente la luz.

Si las energías no se revelan en los niveles inferiores, las energías superiores que captemos al no pasar por la Biná[46] pueden estancarse

por ese motivo por el que la rectificación de las almas es una tarea fundamental para lograr vivir en paz y en forma serena. Cuando pasan los años, la sabiduría del alma consiste en vivir de la forma más serena posible construyendo la paz interior que necesita la Tiferet.

45. A estas siete dimensiones inferiores se las denomina como «los siete hijos de la Biná». Entre estos siete hijos, hay una hija que es Maljut, a la que se la denomina como «hija» o «madre inferior».

46. Recordemos siempre que el buen funcionamiento de la Biná depende del nivel

en las dimensiones superiores del Árbol de la Vida, y esto causaría una inflación de la Jojmá o de la Tiferet porque estarían compensando la ineficacia de la Biná. Por eso, el desarrollo intelectual de la Biná es clave para la elevación del nivel de consciencia. Dentro de la tradición de la cábala, la intelectualidad es un factor fundamental para el desarrollo espiritual, porque la vivencia como experiencia no puede operar sola, ya que podría quedarse en una experiencia de tipo animal sin la organización conceptual.

Aquellos que proclaman que la experiencia lo es todo en contra de lo intelectual quieren renunciar a la Biná, y, como sabemos, quien renuncia a una dimensión lo que está provocando en forma directa es un desequilibrio general en el alma, ya que todas las demás dimensiones terminan auxiliando a las otras por la falta de desarrollo de una dimensión.

Por otra parte, abandonar la Biná implica que se carece del sentido de la integración de las ideas; por la sola experiencia se puede alcanzar la luz, pero no hacerla descender hacia los niveles inferiores. Por eso existen grandes meditadores que se conectan con las luces superiores, pero que luego, en la práctica de la vida cotidiana, no tienen la organización mental suficiente para llevar la luz al campo de la materia. Esto puede provocar una gran frustración en el alma; por esta falta de desarrollo de la Biná, se puede pensar que aún falta más luz que provoque una expansión mayor de la Jojmá, lo que ocasiona a su vez un mayor desequilibrio.

Aumenta la conexión con la luz, pero aumenta al mismo tiempo

---

de organización que la mente racional puede alcanzar. La distribución del tiempo depende, por ejemplo, de esta dimensión, también la distribución de las energías en las siete dimensiones inferiores.

la frustración del alma al no poder bajar esta misma luz a la realidad material.

Por lo tanto, en un momento el trabajo del alma no tiene que ser el aumento de la luz por el aumento en sí, de lo contrario, toda esa luz nos terminaría enceguesiendo, que es lo que les sucede a muchos iniciados en el mundo espiritual.

El filosofo judío de origen lituano Emmanuel Levinas[47] decía que el estudio de la Torá más que un acceso a luz divina es una protección de la potencia de tanta luz. Y uno de los objetivos de la cábala es acceder a los niveles superiores de la luz con prudencia y responsabilidad para no desorganizar los contenidos mentales y así operar correctamente en el mundo inferior.

Algunas almas, con tanta cantidad de luz, no perciben resultados materiales porque utilizaron la espiritualidad como fuga de la realidad cotidiana, cuando en realidad la cábala propone que cuanta más luz tengamos más deberemos revelar en el campo material, y para ello la Biná, como dimensión conceptual y como responsable de la distribución de las energías, tiene que funcionar muy bien. Si no existe un fuerte contenido intelectual, es difícil lograr elevarse hacia los universos superiores porque las almas pueden desorganizarse por la cantidad de luz que pueden recibir. No hay que recibir mal, hay que recibir adecuadamente.

Esto nos lleva a la conclusión de que lo que se denomina «cábala

---

47.   Emmanuel Levinas (1906-1995), filósofo judío francés de origen lituano, una de sus obras fundamentales es *Totalidad e infinito* (1961). En 1973 fue declarado profesor honorario de la Universidad de La Sorbona de París. El pensamiento de Levinas influyó sobre un cabalista francés actual, Marc Alain Ouaknin (1957), cuya obra *El Talmud. El libro quemado* es un análisis cabalístico con una fuerte influencia levinasiana.

teórica» de «teórica» no tiene nada, ya que los conceptos teóricos deben servir para el fortalecimiento de la Biná con el fin de integrar la luz superior y distribuirla en los niveles inferiores. Por tanto, toda la cábala supuestamente teórica es cábala práctica.[48]

Cuando funciona correctamente la dimensión de la Biná tiene como objetivo la práctica de Maljut. Ahora bien, si la Biná no desciende hacia la organización de las siete dimensiones inferiores y se queda estancada en un «bucle mental», es porque funciona mal y debemos corregirla, no porque no tiene ninguna función. Este es el error habitual del antiintelectualismo de ciertos grupos autodenominados como «espirituales», porque atacan la teoría de la Biná cuando lo que se debe corregir es el funcionamiento de la Biná y no la función de la Biná en sí misma.[49] Ninguna dimensión del Árbol de la Vida debe ser anulada porque, por la naturaleza del alma, esta

---

48. Existe «cábala práctica» en toda la mística hebrea porque todo tiende a su aplicación en la dimensión de Maljut.

49. Por lo tanto, debemos diferenciar claramente entre el mal funcionamiento de la Biná al estancarse en un bucle mental y el correcto funcionamiento de la Biná para organizar las energías que provienen de Jojmá y de Keter para operar en las siete dimensiones inferiores. Anular la Biná y, por lo tanto, pretender anular su función conlleva que no puedan organizarse las energías que deben descender para actuar en la vida cotidiana. Para huir entonces del mal funcionamiento de la Biná, en vez de corregirla se apartan de ella como algo negativo en su conjunto. Es más, cuando Abraham Abulafia dice «observa antes de pensar», no dice que no hay que pensar, lo que el alma debe realizar es un primer trabajo de observación para luego pensar adecuadamente. No nos podemos quedar estancados en una eterna observación. Existe un trabajo de rectificación del universo que se debe realizar en el campo material y hay que descender hasta la dimensión de Maljut, por lo tanto, así como muchos intelectuales se quedan atrapados en sus bucles mentales (por la Klipá de la Biná), se puede caer en una vida meditativa constante sin bajar las energías hacia los universos inferiores (por la Klipá de la Jojmá). El objetivo de la copulación de la Biná y la Jojmá es el de bajar la luz a las siete dimensiones inferiores en forma correcta.

dimensión «anulada» o «artificialmente compensada» reclamará su sitio en el funcionamiento general. Todo intento de anulación de una dimensión provoca un desequilibrio en el sistema interior del alma.

Es curioso que muchos explican la necesidad de la «unidad de todas las cosas» para llegar al Ein Sof, pero los mismos que plantean esta percepción de unidad dividen la cábala en teórica y práctica.[50] Lo «teórico» no necesariamente es lo conceptual, también puede ser «teórica» una meditación que no transforme mi percepción de la realidad, y no se puede transformar la percepción de la realidad si, en primer lugar, no hay una modificación de la percepción conceptual. Por lo tanto, no existe experiencia real si no existe una integración de la luz en el nivel de la Biná. Y no existe una práctica real en la vida cotidiana si la organización de la Biná no es eficaz.[51]

50. Esta insistencia en la división entre la cábala teórica y práctica esconde en realidad una confusión, la experiencia sensible de la cábala práctica se encuentra en la misma línea que la experiencia mental de la supuesta cábala teórica. Siendo lo mental también una experiencia no podemos decir que la cábala teórica es exclusivamente teórica sino también práctica.

51. Lamentablemente se confunde la práctica diaria de nuestra experiencia cotidiana con una cábala práctica exclusiva como meditación contemplativa. La cábala práctica se puede revelar en el orden cotidiano cuando tenemos un cambio de percepción conceptual en el nivel de la Biná. Por lo tanto, se puede caer en la paradoja de los «meditadores» que atacan la cábala teórica uniéndola a la Biná conceptual porque en realidad no logran percibir la necesidad de un cambio de la percepción mental a nivel conceptual para operar mejor dentro del orden de la experiencia de Maljut. Por esta razón, este grupo de «meditadores» confunden la meditación por contemplación como el único elemento práctico de la cábala, cuando en realidad la práctica real es la vida cotidiana dentro de la materia que opera de modo eficaz cuando el nivel conceptual es el adecuado. Así que debemos aclarar que la «cábala práctica» es la «práctica» dentro de las diez dimensiones y que no se puede reducir a la dimensión de la meditación por contemplación de la Jojmá. Por otra parte, como necesitamos un cambio de percepción por parte de la Biná para operar adecuadamente en los niveles inferiores, entonces también podríamos decir que necesitamos de la «teoría» dentro de las diez dimensiones. Dentro de la cábala existe la vía de la meditación por

Por ese motivo, dentro de la espiritualidad de la cábala, la lectura, el debate,[52] el análisis intelectual y la relación entre la teoría y las experiencias prácticas son fundamentales para el crecimiento. Todo lo que el universo nos entrega como información lo debemos aprovechar. En la espiritualidad de la cábala, el trabajo es de corrección de las energías, no el de renunciar a las energías que operan dentro de la naturaleza[53] creada por la divinidad.

Todas las dimensiones están interconectadas de modo tal que, si

---

el estudio, sin embargo, algunos, desconociendo esta vía de meditación de la cábala, atacan el estudio como «cábala teórica» que no ayuda en la práctica. En realidad, la única «cábala teórica» que no ayuda a la modificación de la experiencia se produce si la dimensión de la Biná tiene la Klipá de la Biná, que es el bucle mental que produce la imposibilidad de bajar las energías hacia la dimensión material de Maljut.

52. Hay que tener cuidado porque muchos «debates» esconden discusiones egoicas donde se llega a los ataques personales. El verdadero debate en aras del cielo, por más apasionado que sea, nunca debe traspasar el límite del ataque personal agresivo. He encontrado personas que disfrazadas del debate en aras del cielo agreden a los demás.

53. Recordemos que la palabra «Elohim», dioses o fragmentos del Ein Sof en la realidad del universo de Briá, tiene el mismo peso energético que la palabra hebrea «Ha-Teva» que hace referencia a la naturaleza. Esto quiere decir que «Dios es la naturaleza» en el nivel del universo de Briá. Cuando Baruj Spinoza dijo lo mismo lo atacaron, cuando en realidad estaba explicando filosóficamente un asunto de la cábala. Hay que recordar que Spinoza estudió con el cabalista judío de Ámsterdam Saúl Levi Morteira (1596-1660). Levi Morteira fue amigo del médico Elías Rodrigues de Montalto. Este último fue también su discípulo en temas de cábala. Rodrigues de Montalto fue a su vez el médico principal de María de Medici (1575-1642), quien fue princesa del Gran Ducado de Toscana y reina consorte de Francia como segunda esposa del rey Enrique IV (1553-1610). ¿Qué temas de la espiritualidad hebrea hablarían el médico judío portugués Elías Rodrigues con la reina María de Medici? Ya la familia Medici en Florencia había apoyado la introducción en los ambientes cristianos de la cábala. Existe una conexión muy importante entre el Renacimiento italiano y la aparición de la cábala en la ciudad de Florencia que aún se necesita investigar con mayor profundidad.

una dimensión no se trabaja,[54] produce un desequilibrio general en toda la estructura del alma.

Existe, pues, un «dualismo disfrazado de unidad», es decir, los que teóricamente exponen que buscan la «unidad», pero dentro del análisis que realizan se comprueba que existe un dualismo encubierto que no se capta a simple vista. Hay que estar muy atentos a esta estrategia del desequilibrio de la Biná que produce un efecto dual disfrazado de unidad. Es real que existe el universo de la dualidad, sin embargo, cuando nos encontramos en el camino hacia el nivel Alef de unidad, debemos ser cuidadosos en no caer en los dualismos inconscientes[55] que nos obstruyen el paso hacia el Ein Sof. Estas obstrucciones son parte del sistema del universo de fragmentación.

Estos dualismos no solamente obstruyen el camino hacia la unidad infinita, sino que también son los creadores de los bucles mentales que crean «trompos mentales» de los cuales es muy difícil salir. Si no logramos tener una percepción Alef[56] permanente, es muy difícil vivir sin conflictos interiores o exteriores.[57]

---

54. Un factor importante para trabajar en todas las dimensiones es el factor «tiempo». La administración eficaz del tiempo pertenece a la dimensión de la Biná, por lo que es importante «aprovechar» el tiempo de cada alma en esta encarnación física porque el tiempo pasa y no logramos exteriorizar adecuadamente los contenidos interiores del alma.

55. La integración a la unidad del alma es uno de los asuntos más difíciles que existen, no simplemente por la adecuada distribución del tiempo y de las energías, sino también porque debemos trabajar luego en las interconexiones de todas las dimensiones para que la unidad del alma funcione realmente. Si las dimensiones exigen cada una para sí misma, entonces pueden provocar un estado de «fragmentación del alma» que puede enfermarnos.

56. La percepción «Alef» es una percepción de unificación constante de las energías que se nos revelan como duales por nuestras limitaciones de comprensión.

57. En general se piensa que los conflictos exteriores se producen porque ponemos

Podemos tomar un camino de ascenso en «espiral» porque trabaja una forma de circularidad expandida.[58] ¿Cómo saber cuándo nos encontramos en un bucle mental o en una espiral de ascenso hacia el Ein Sof? En un bucle siempre llegamos al mismo sitio y tratamos los mismos temas.

En la espiral ascendente, siempre se agrega una nueva idea[59] que nos impulsa a ampliar el nivel de percepción, lo que hace que podamos escalar y sentir interiormente que estamos operando sobre integraciones de luz que se dirigen hacia la unidad.

Cada vez que me siento más fragmentado,[60] siento más dolor interior, pero cada vez que me siento más unificado[61] en mi interior, el dolor desaparece. La magnitud del dolor interior de la Tiferet (el Yo) es la prueba del deseo de crecimiento hacia la luz, pero que se

---

límites muy estrictos, cuando en realidad el problema de los conflictos exteriores es poner muy tarde estos límites. Cuando los demás «abusan» de nuestra falta de límites, entonces al poner límites tardíamente se produce un conflicto porque los otros sienten que lo que han ganado les pertenece. Lo que evita los conflictos exteriores es imponer importantes límites dentro de las relaciones. La claridad de los límites exteriores es la consecuencia del entrenamiento en nuestros propios límites interiores, sin caer en la severidad de imponer limitaciones anticipatorias.

58. La dimensión donde se produce la circularidad expandida es la Jojmá.

59. La «nueva idea» aparece porque estamos haciendo el trabajo de expansión de nuestra vasija a través de las flexibilidades que utilizamos en los niveles inferiores.

60. La «fragmentación» de mi alma puede darse por la exclusiva operatividad de la Biná.

61. La «unificación interior del alma» aparece cuando existe una copulación adecuada entre la Jojmá y la Biná. La Jojmá, para ello, tiene que lanzar las mejores preguntas de apertura hacia la Biná de modo que comience un trabajo continuo de flexibilización de la Biná. La Biná debe ser fecundada adecuadamente por una Jojmá que la sepa seducir. La seducción de la Jojmá a la Biná es el cortejo nupcial del Cantar de los Cantares. Debemos decirle a la Biná lo bella y buena que es, y explicarle que la Jojmá copulará con ella por el amor que le tiene al alma. La Jojmá le debe explicar a la Biná que el alma se elevará con su acto de amor.

puede ver obstruido por la dimensión de la Biná, o porque el alma se encuentra atascada[62] en algún punto de su recorrido de vida.

Cuando un alma fragmentada eleva una dimensión por sobre las demás, entonces se produce la peor de las idolatrías: la idolatría dimensional de la unidimensionalidad.

Tenemos diez posibilidades idolátricas: la Keterlatría, la Jojmalatría, la Binalatría, la Jesedlatría, la Guevuralatría, la Tiferetlatría, la Netzajlatría, la Hodlatría, la Yesodlatría, y la Maljutlatría. El alma puede reducir su existencia a una sola dimensión, y esto es un problema a largo plazo. En el corto plazo, el alma puede concentrarse en una sola dimensión porque quizás está realizando la rectificación de dicha dimensión; sin embargo, no puede reducir la existencia a una sola cuestión. El sistema interior del alma es integral y debe funcionar en forma integral y, aunque la pasión o la misión del alma pertenece a una dimensión en particular, para llevar a cabo su tarea debe tener en consideración el funcionamiento simultáneo e interconectado de las diez dimensiones.

---

62.   El dolor puede paralizar al Yo en un sistema de seguridad victimista. El Yo puede autoflagelarse y atascarse en un punto del cual no puede salir. La dinámica del crecimiento nos tiene que sacar de allí. El Daat tiene que operar con toda su fuerza para desbaratar las pretensiones de la ilusión de la zona de seguridad.

2. Los niveles de autocontracción (Tzimtzum) y la consciencia (Daat)

> «El Árbol del Conocimiento del Bien y del Mal
> es la puerta por la que se llega al Árbol de la Vida».
>
> YOSEF DE GIKATILLA (*Las puertas de la luz*)

Uno de los asuntos más difíciles de explicar es el movimiento de los niveles de consciencia «Daat». Partimos de la base de que existen infinitos niveles de autocontracción del Ein Sof. En cada nivel de estos infinitos niveles existe un contexto especial que pertenece a dicho nivel.

Es decir, todo concepto que utilizamos tiene un sentido diferente en cada contexto de autocontracción. Existe una oscilación constante entre la expansión del lado derecho (Jojmá) y la restricción del lado izquierdo (Biná). Esa oscilación es la que da como resultado el nacimiento del Daat.[63] El conocimiento es un constante movimiento

---

63. Daat, en este sentido, es la consciencia de unidad que tenían las vibraciones en el interior del Ein Sof. En realidad, Daat es la memoria eterna de que las vibraciones pertenecen a una misma unidad esencial. Cuando las vibraciones bajas se convirtieron en energías femeninas y las vibraciones altas se convirtieron en

entre los laterales[64] de la derecha hacia la izquierda, y viceversa, y entre el Ein Sof y los niveles más densos del universo.

Si comprendemos que existen infinitos niveles de autocontracción, podemos comprender que existen infinitos sentidos diferentes de acuerdo al nivel de autocontracción del Ein Sof.[65]

---

energías masculinas, apareció la aparente dualidad. «Daat» tiene la información de la unidad de las vibraciones y esa memoria está insertada en el interior de las energías masculinas y femeninas. Como las energías masculinas tienen un Árbol de la Vida en su interior donde existen subdimensiones masculinas y femeninas, ya llevan en su interior la copulación masculino-femenina, y lo mismo sucede con las energías femeninas. «Daat» le recuerda a las energías masculinas que no son absolutamente masculinas, sino que tienen un componente femenino en su interior, y le recuerda a las energías femeninas que no son absolutamente femeninas, sino que tienen también un componente masculino en su interior.

64. Esta conexión directa se realiza a través de las asimetrías de cada nivel. Existen vacíos o fisuras que enlazan unos niveles con los otros; los niveles superiores tienen vacíos más anchos y, a medida que la energía desciende hacia los niveles inferiores, los vacíos se van estrechando y el Daat fluye en cantidades cada vez más pequeñas. Por eso las Kelipot no son liberadas por las energías del Daat porque llega poco Daat hacia esos niveles tan densos. Es decir, la densidad de los niveles inferiores es tan alta que la energía del Daat no tiene la fuerza de penetrar las cáscaras. Las energías del Daat, al no poder romper las Kelipot, deben retornar al Ein Sof a buscar mayor luz. Cuando el Daat adquiere más luz de los niveles superiores cercanos al Ein Sof vuelve a descender y entonces logra tener la fuerza para la destrucción de las Kelipot; y cuando libera la luz dentro del mal, entonces se perciben realidades ocultas dentro de esta misma realidad. La realidad oculta cuando se revela une la luz del interior de las Kelipot con la luz que proviene desde el Ein Sof; es un gran reencuentro luego de millones de años, la luz que quedó atrapada del Tzimtzum Alef y que tiene la misma naturaleza que las luces más elevadas se une y se potencia. Por cada chispa de luz liberada detrás de cada cáscara se produce un entusiasmo por la energía divina que lo invade todo. Cuando la Neshamá logra romper una cáscara logra elevarse al nivel de la Jaiá y, si se une la luz de arriba con la luz oculta dentro de la cáscara, entonces todo es luz y el alma puede alcanzar la aniquilación transitoria en la luz (Bitul). Entonces, la sensación del Yo individual desaparece dentro de la sensación de un continuo de luz.

65. Nuestra mente racional (Biná) se puede perder dentro de la infinitud de lo finito. Cada ente finito tiene infinitos puntos. Es como los números decimales entre dos

Nunca podremos saber en qué nivel de autocontracción nos encontramos[66] por la permanente dinámica del movimiento dentro del universo y el permanente ingreso de las energías atzilúticas. Sabemos que los niveles vibracionales dentro del Ein Sof son infinitos y no son espacio-temporales, pero las vibraciones, cuando

---

números que son infinitos. ¿Cuántas posiciones existen dentro de un ente finito si pensamos en las infinitas posiciones de los decimales? Esta convierte nuestra realidad en una realidad fundamentalmente «misteriosa». El nivel de ocultamiento que posee la realidad es el nivel de «éxtasis» con el cual tiene que vivir el alma. Cada día en que uno se levanta por la mañana debe preguntarse: ¿Qué nueva idea aprenderé hoy? Al ser consciente de encontrarme frente a un infinito de ideas, entiendo que me encuentro ante la revelación de una idea que ayudará a la rectificación del universo. Toda idea es, pues, una idea que se dirige a la redención y, por lo tanto, toda idea es una idea mesiánica. ¿Hay ideas malvadas? Claro que sí. Y estas ideas demuestran que la dirección de la consciencia se encuentra distorsionada, es decir, que el trabajo interior no se ha realizado, o no se ha realizado en forma correcta. Es por ese motivo por el que debemos refinar nuestras almas en el trabajo interior para que las ideas que vamos a revelar se sitúen adecuadamente donde deben situarse. El trabajo interior del alma prepara la vasija para obtener la luz y situarla en forma correcta. Porque si la vasija obtiene luz, pero luego no tenemos la consciencia suficiente para direccionarla adecuadamente, entonces la luz puede provocar oscuridad. La única forma de que la luz ilumine sin provocar oscuridad es el conocimiento profundo de la ubicación donde debemos situar nuestras energías. Cuando se revelan las energías, deben ser dirigidas por nuestras energías interiores. La exteriorización, aunque depende por una parte de las grandes limitaciones materiales de la densidad de la más baja dimensión de Maljut, no por ese motivo nosotros debemos dejarla al azar, sino que, por el contrario, debemos marcar la dirección de las energías que revelamos con un profundo proceso de refinamiento de las energías cuando habitan en nuestra interioridad.

66.   Si creemos saber dónde nos encontramos, entonces debemos saber que estamos perdidos. Y cuando no nos importa estar perdidos en la dinámica del universo, entonces sabemos dónde nos encontramos. Nos encontramos dentro de un proceso dinámico de desplazamiento de las energías y no en un sitio espacio-temporal. Por lo tanto, cuando no conocemos el sitio espacio-temporal es que estamos realizando muy bien el trabajo de desplazamiento dentro del sistema. Si supiéramos dónde estamos, entonces estamos estáticos en un sitio espacio-temporal y, por lo tanto, estamos perdidos fijos en un punto sin la dinámica del desplazamiento.

se revisten como energías en el universo de Atzilut,[67] ingresan por las diferentes contracciones creando diferentes secuencias espacio-temporales. En cada nivel de estas secuencias existen diferentes realidades que crean leyes específicas para cada nivel de autocontracción. Es decir, cada autocontracción del Ein Sof crea un nivel, y en dicho nivel nacen las leyes específicas que rigen dicho nivel. La magnitud de dichos niveles implica una manifestación de realidades diferentes. Cada nivel constituye una realidad en sí misma en conexión directa con los niveles superiores e inferiores de dicho nivel. Estas conexiones operan por intermediación de los vacíos. Existen entonces, en cada nivel, vacíos[68] que nos conectan con los universos superiores y vacíos[69] que nos conectan con los universos inferiores.

Es imposible para la Biná (Entendimiento) conocer el punto exacto[70] donde se encuentra una energía determinada; sin embargo, la Biná tiene el noble trabajo de marcar la dirección de la energía, ya que,

---

67. Universo de la Emanación.
68. Estos vacíos que nos conectan con los universos superiores son llamados «Ketarim» (las coronas).
69. Los vacíos que nos conectan con los universos inferiores son llamados «Maljuiot» (los reinos). Los reinos que son los vacíos inferiores en realidad son también Ketarim de los universos inferiores. Porque, como sabemos, Keter es Maljut del universo superior y Maljut es Keter del universo inferior.
70. Dada la dinámica del movimiento permanente de las energías, el punto exacto no existe, lo que existe es una determinación del proceso. Lo que la Biná debe realizar es conceptualizar un proceso dinámico determinado. La búsqueda de un punto exacto ideal termina creando un dogma, porque cuando la Biná se aferra hipotéticamente a un punto exacto, este punto ya se desplazó, por la dinámica del propio sistema, y entonces la Biná ya no opera donde debe operar. Lo que primero debe hacer la Biná es comprender los caminos de los procesos. Por ejemplo, tenemos 22 flujos fundamentales de energía a través de los 22 canales (representados por las 22 letras hebreas) y la Biná lo que debe hacer es un análisis y conceptualización de estos flujos dinámicos sin la pretensión de lograr retener «puntos estáticos imaginarios».

como sabemos, la intención marca la dirección. La intención interior (Kavaná) marca la dirección de las energías que deseamos revelar. Existen infinitos niveles desde el Ein Sof hasta los niveles más bajos, y existen infinitas líneas entre la izquierda y la derecha.

Dado que la Biná quiere fijar un punto,[71] lo que sí puede hacer la Biná es comprender el contexto dimensional, es decir, conocer los límites de cada nivel de autocontracción.

Cada universo (Atzilut, Briá, Yetzirá y Asiá) marca diferentes niveles de autocontracción, pero existen infinitos niveles de transición entre dichos universos. Existen niveles de transición más cercanos a Atzilut que a Briá y niveles de transición más cercanos a Briá que al universo de Atzilut.

El mismo hecho de fijar el concepto de «Atzilut» o de «Briá» es una ilusión conceptual de la Biná, porque los mismos universos en esencia son estados transicionales. Por este motivo, los cabalistas como Isaac Luria trabajaron los periodos transicionales entre los universos y entre las dimensiones.[72] Cada concepto que estamos exponiendo

---

71. Fijar un punto es una ilusión de la Biná, porque en cuanto se fija un punto, la dinámica del universo espacio-temporal hace que ese punto no sea el punto fijado por la mente. En el momento que fijamos un punto, ese punto ha desaparecido en el movimiento constante del universo. Lo que parece ser algo estático siempre se encuentra en un continuo dinamismo. Yo puedo decir que soy igual cuando me levanto por la mañana que cuando me acuesto por la noche, pero no es real, ese análisis fijo se cae porque durante todo ese día mis pensamientos interiores evolucionaron y las condiciones exteriores del contexto cambiaron mi percepción de la realidad.

72. El funcionamiento se puede ejemplificar con dos tubos. Un tubo mayor y un tubo menor: el tubo menor entra dentro del tubo mayor; el tubo mayor es el universo más oculto y menos revelado, y el tubo menor es el universo más revelado y menos oculto, pero existe un engarce donde el tubo menor entra en el interior del tubo mayor. Es decir, hay un espacio donde el tubo mayor contiene una parte del tubo menor. Es un espacio de transición porque coexisten los dos tubos. La primera parte del tubo menor se encuentra en el interior de la última parte del tubo mayor. Las

aquí lo tenemos que analizar desde su dinámica interna y no fijarlo, porque en cuanto creamos ideas fijas, estas se pueden transformar en dogmas y entonces caemos en el problema de la idolatría,[73] que es la falta de consciencia de unidad dentro del sistema de fragmentación.

No existiría la posibilidad de conceptualizar absolutamente nada porque todo se encuentra dinámicamente en transición. Cada vez que estamos fijando[74] un concepto, debemos comprender el carácter intrínsecamente dinámico de dicho concepto.

El dinamismo del sistema de nuestro universo hace que todo deba ser considerado como «estados transicionales»,[75] porque todos

---

tres primeras subdimensiones (Keter, Jojmá y Biná) de los universos inferiores en general quedan ocultas dentro del universo mayor anterior.

73. La idolatría impide percibir el sistema general de la realidad, lo comprende por partes fragmentadas y, por lo tanto, no lo puede comprender. La unicidad de Dios equivale a comprender que existe un sistema unificado en toda la realidad que se entrelaza. Nuestras almas se encuentran dentro del sistema, y mientras mejor comprendemos el sistema de los universos, entonces mejor comprendemos el funcionamiento de nuestras almas.

74. Un problema que se presenta de forma permanente es cuando fijamos dogmáticamente un «concepto» y entonces el alma queda atrapada dentro de las supuestas verdades inmutables de la mente. Todo concepto, desde el punto de vista de la espiritualidad de la cábala, debe siempre ser considerado como un concepto dinámico que le permita al alma avanzar hacia la luz y no quedarse paralizada por comprender de modo estático dicho concepto. Un concepto estático en la Biná puede producir un estancamiento de las energías en una dimensión determinada. Los conceptos, cuando operan dentro del dinamismo natural del universo, entonces provocan una elevación hacia la luz de todas las dimensiones.

75. Esto implica que lo que parece que es ya no es, lo que parece que está aquí ya no está aquí. Todo cambia a nivel imperceptible para nuestra sensibilidad, por ese motivo creemos que no existen los cambios. Todos los cambios se producen muy lentamente, pero se producen. Todo está en un cambio constante para que nuevas luces se sigan revelando a la superficie exterior. Lo que nosotros consideramos como «cambios» son las revelaciones que estaban ocultas dentro del sistema espacio-temporal. Todo está en tiempo eterno dentro de la matriz y, cuando ingresa dentro del espacio-tiempo, entonces se adapta a este nivel.

los elementos se encuentran dentro de un proceso continuo de revelación de la luz. Y desde la Biná debemos ser conscientes de que nuestra conceptualización debe ser dinámica; la realidad tendría que ser una oscilación entre la conceptualización y la desconceptualización constante.

Todos los conceptos aprendidos que me funcionaron en un nivel de análisis deben ser puestos en entredicho al operar en un nivel superior. Cada vez que avanzo de nivel debo analizar si los conceptos que están operativos son eficaces en el nivel en el que estoy trabajando. Keter representa en realidad una dimensión donde se me permite la conceptualización desde la Biná para crear anclajes de sentido,[76] pero tomando siempre consciencia del sistema dinámico transicional en dirección al Ein Sof.

En este sentido, podemos llegar a la conclusión de que ningún concepto puede ser considerado fijo, y, por lo tanto, ningún concepto conceptualiza adecuadamente la realidad que quiere determinar porque siempre está en «proceso» de cambio. La conceptualización, si funciona de modo estático, puede crear negativamente límites artificiales obligando a las realidades dinámicas a convertirse por arte de magia en realidades fijas e inmutables. Existir, pues, entre el ser y el no-ser, entre la oscilación permanente de dos realidades que prueban la existencia de una realidad única que opera en el fondo secreto de la matriz divina.

---

76. Los «anclajes de sentido» permiten la organización conceptual en cierto nivel, para luego poder avanzar hacia niveles de abstracción superiores. Esta tarea es infinita y, si no tenemos un mapa como el Árbol de la Vida, es muy difícil recorrer las complejidades del mundo de la fragmentación para acceder a los niveles superiores.

Todo concepto[77] opera con un grado de ilusión de «estática», ya que todo concepto tradicionalmente niega el carácter dinámico de la realidad a la que hace referencia. Es por ese motivo por el que la utilización del lenguaje permite a los dogmatismos mentales parapetarse en las trincheras emocionales de la identidad. Sin embargo, las energías dinámicas del alma y de la naturaleza terminan enfrentando el dogmatismo imaginario de la distorsión de la mente. En este sentido, las almas por naturaleza comprenden en su interior la dinámica; sin embargo, otras almas caen en la confusión mental de creer que los conceptos fijos y estáticos les otorgan seguridad.

El precio que paga el alma por la seguridad imaginaria mental por el mal funcionamiento de la Biná es un dolor interior que no termina si no se realiza un trabajo de cambio de percepción. Por ese motivo, como sabemos por la tradición secreta de que toda la luz oculta será revelada, el dogmatismo en cualquiera de sus formas terminará flexibilizándose y ya no podrá defender las trincheras mentales de manera estática, porque se enfrenta a la naturaleza de la dinámica de la energía dentro del universo proveniente del Ein Sof.

Todas las almas son libres porque en su interior son conscientes

---

77. Los conceptos se crean para fijar un sentido, cuando en realidad dicho sentido tiene un contexto donde se mueven infinidad de energías transicionales. Por lo tanto, la conclusión es que todo concepto nunca puede lograr revelar el sentido real de lo que quiere expresar porque no puede definir nunca adecuadamente los límites del objeto que está conceptualizando. Toda definición impone límites arbitrarios, por lo tanto, todos los conceptos nunca llegan realmente a definir los contornos de lo que pretenden definir. La imposibilidad del lenguaje se produce porque los límites no son fijos, sino que todos los límites son transicionales y, al final, debemos fijar los límites de manera arbitraria para que nuestra mente no enloquezca por falta de límites reales. En la realidad no existen los límites reales, todos los contornos de todos los fragmentos se mueven dentro de sus contextos con espacios transicionales.

de que libremente se conectan con el Dios-Ein Sof. Ahora bien, existen estructuras exteriores antiguas que aún creen que pueden controlar las almas. Es un contrasentido. Ningún poder exterior humano puede controlar el interior de nuestras almas. Sí pueden controlar lo que decimos, pero no lo que pensamos. El pensamiento opera en nuestro interior y la vida del alma es libre. La luz divina siempre tiene como destino la revelación.[78]

Debemos, pues, utilizar ante esta situación el verbo en presente continuo como el «siendo», «construyendo», etcétera. No podemos jamás operar con el presente del «Yo soy», porque no existe un «Yo» que sea lo que soy, ya que siempre «está siendo» en forma dinámica. Este dinamismo es estructural dentro del universo.

En realidad, todo concepto debe conceptualizar un desplazamiento entre el pasado y el futuro negando la realidad del presente. Siendo el presente fugaz, el concepto no puede admitir un presente fijo. Isaac Luria dijo que cada hora tiene su tipo de energía. Esto implica que el concepto no puede ser utilizado siempre para definir un tipo de energía que se modifica tan rápidamente. Esta es la ilusión de la conceptualización que opera desde la dimensión de la Biná. La Biná, por lo tanto, debe abandonar la seguridad ilusoria de

---

78. Ahora bien, para que podamos revelar adecuadamente debemos organizar nuestras energías interiores de modo que el exterior no pueda controlar nuestra luz. Toda alma es libre en la medida que libremente revele la luz que Dios le otorgo en su interior. Si los poderes exteriores se molestan de la revelación de la luz que realizó, es porque están negando la revelación de Dios en esta realidad. Las luces divinas no pueden ser paralizadas por el poder humano, no importa la ideología o la teología que sustenten. Todo poder, cuando se ejerce contra las luces de las almas, manifiesta la debilidad que tienen los humanos de afrontar la luz de Dios. Cuando los seres humanos pretenden ser «dioses» en el sentido de que quieren reemplazar al Dios-Ein Sof, la matriz divina produce luces que lentamente desgastan la soberbia humana que desequilibra el sistema.

la conceptualización para crear unos metaconceptos dinámicos que puedan operar sobre estados siempre transicionales.

Por esta razón, toda institución religiosa o política que quiera conservar alguna tradición[79] en un punto de la realidad operará contra la realidad dinámica del universo.

La continua revelación[80] de los secretos del alma y del universo destruye automáticamente las pretensiones dogmáticas de las instituciones. Por eso, a partir de aquí se crean tres caminos bien definidos: 1) el de los temerosos de la dinámica natural del universo que pretenden conservar lo que no se puede conservar, en este sentido el temor se disfraza de tradición, 2) el de los que se rebelan contra

79. La única forma de conservación de la tradición es la de operar dinámicamente con el texto. Si la Torá sigue vigente es porque los rabinos a lo largo de la historia supieron realizar interpretaciones novedosas del texto y, por ese camino, lo transformaron en dinámico. Un texto que se fija en forma literal sin dinámica terminará sin vida y no reflejará la dinámica de la revelación continua de nuevas luces. Una tradición estática no podrá soportar la luz de la dinámica que el Ein Sof insufló dentro del universo. En cambio, si operamos con la tradición al servicio de una constante revelación de los secretos, entonces la tradición se va a sostener porque le hemos inyectado una dinámica que la sostiene. Por lo tanto, el dualismo no es tradición/ antitradición. La realidad es una tradición que se puede percibir estática, o una tradición que se puede percibir como dinámica. En general, la ignorancia, el poder y el temor sostienen siempre una tradición estática, en cambio, el conocimiento, la humildad y la confianza en Dios (La Emuná) convierten toda tradición en una tradición dinámica.

80. Esta incesante revelación de secretos es un proceso infinito, por lo que estamos dentro de un proceso que podríamos llamar «la revelación del Reino de Dios». Ahora bien, ¿cuándo nació este Reino de Dios? Indudablemente, cuando el Ein Sof creó el universo quedó inaugurado el Reino. El problema es que nosotros no tenemos aún la consciencia mesiánica de que estamos dentro del Reino, pero no lo sabemos. El «Reino de Dios» no es un resultado, ya preexiste desde el nacimiento del universo. Todas las almas estamos construyendo en todo momento este Reino: las almas de nuestro planeta, así como las almas de otras civilizaciones de otras galaxias.

los tradicionalistas temerosos, que perciben la revelación de los secretos del universo, pero que quieren forzar las instituciones (todos estos supuestos revolucionarios luego terminan controlándolo todo como los tradicionalistas del punto primero), y 3) el camino místico, la tercera vía que es estrictamente espiritual y que percibe los dos grupos anteriores enfrentados inútilmente porque la dinámica de las propias energías del universo, al revelar los secretos, prueba que no se puede ir contra la naturaleza de la creación divina.

Las leyes del Dios-Infinito operan sobre las consideraciones de percepción humanas. En este sentido, los místicos, al comprender los secretos del universo, se unen a los flujos de las energías naturales que se desplazan dinámicamente por todo el sistema. El misticismo reconoce la realidad tal como es y la acepta, lo que no acepta son las propias limitaciones de nuestra alma porque sabe que, por su naturaleza, el alma puede percibir niveles superiores de luz.

Por lo tanto, mientras el dualismo de los primeros dos grupos opera en el universo de Bet (de la fragmentación), los místicos, al percibir el estado de unidad, saben que siempre la unicidad oculta se revelara en cada momento forzando a la dualidad distorsionada de la superficie a reconocer la unidad de todas las cosas.[81]

Lo que sucede es que las energías que operan hacia la unidad se encuentran siempre en modo oculto porque cada vez que se revelan lo hacen dentro del sistema de fragmentación. Por lo tanto, es muy

---

81.   Reiteramos que la «unidad de todas las cosas» no es una idea «totalitaria» en el sentido de que un fragmento se imponga a los demás, es una idea de unificación sosteniendo las diferencias existentes en el campo del universo de la fragmentación que fue creado con un objetivo específico.

difícil la revelación de la unidad de la Alef[82] dentro del sistema de fragmentación. Es un trabajo de cada fragmento reconocer su unidad con el universo. No es una regresión al estado uterino, como dicen algunas escuelas de psicología, es una sensación real de la sustancia esencial del alma.

La fuerza política del misticismo radica en su indiferencia política[83] hacia los asuntos humanos, comprendiendo los mecanismos secretos de la divinidad que hay detrás de todos los acontecimientos de la historia, que aparentemente se revelan como desconectados y cuya unidad se encuentra oculta.[84]

Las diferencias cuando convergen sobre la unidad esencial comprenden el nivel Alef de consciencia (Daat); en cambio, las diferencias

---

82. La sensación de la unidad «Alef» es lo que se conoce habitualmente como la «Vida eterna».

83. Es una indiferencia política que está políticamente comprometida en el proceso del cambio interior para producir una verdadera transformación social a partir del mejoramiento de cada alma.

84. Existe un problema por influencia de la cultura oriental: la aceptación de la realidad se confunde con la anulación de la actividad de nuestras propias energías interiores. Cuando nos rebelamos ante una situación, no es que aceptemos la realidad divina, sino que justamente mi rebelión ante la injusticia se produce cuando deseo trabajar por la rectificación del universo. El trabajo de rectificación me lleva a la no aceptación pasiva de la realidad, no acepto lo que se puede cambiar a favor de la redención. Entonces, ¿acepto la realidad o no acepto la realidad? Si acepto la realidad como resignación, entonces no estoy realizando el trabajo del Tikun Olam; si no la acepto, estoy realizando el trabajo de la rectificación dentro de mis limitaciones. Por lo tanto, acepto todo lo que puedo modificar para traer la redención del mundo y, cuando llego al límite de mi capacidad, entonces el alma debe reconocer y aceptar sus limitaciones. Pero acepto mis limitaciones luego de realizar todo el esfuerzo posible para la rectificación del universo y de mi alma. Entonces acepto lo que no puedo cambiar, pero lo acepto luego de no resignarme a intentar cambiarlo. Aunque no cambié una situación exterior, el esfuerzo que realicé para poder modificarlo me otorgó un aprendizaje interior; ese aprendizaje interior reveló luz en mi alma, porque a veces el objetivo no es el cambio de las condiciones exteriores, sino el cambio de las condiciones interiores.

que se resisten a la convergencia en la unidad se autoperciben como egoicas, y, por lo tanto, operan en el mundo Bet de la fragmentación como realidades separadas de cualquier unidad en la matriz divina. Existen muchos que proclaman teóricamente la unidad de todos y de todas las cosas, pero a la hora de su comportamiento en la realidad actúan de una manera egoica y fragmentada, no sé si el nivel de consciencia (Daat) es tan bajo que no les permite ver la disociación[85] entre el discurso teórico y su realidad conductual.

La ignorancia de la existencia de una matriz de unidad esencial en el Ein Sof lleva a los fragmentos a ilusionarse como entidades independientes y desconectadas entre sí.

Esta ignorancia (falta de Daat) conduce a los fragmentos a conflictos interiores y exteriores evitables si se comprendiera el funcionamiento del sistema.

Las guerras, por lo tanto, y todos los conflictos humanos[86] se anula-

---

85.   ¿Por qué motivo existe esta disociación? La realidad del nivel de la fragmentación es tan densa que actúa sobre la existencia como independiente de la matriz. Nada actúa de forma independiente de la matriz, sin embargo, un fragmento se puede acostumbrar a considerar que el estado de fragmentación es el único que existe y que no hay matriz única. Por otra parte, su mente llega a la conclusión de que existe una unidad general en el Ein Sof. Así que la mente (Biná y Jojmá) logra captar la unidad, pero esta alma tan acostumbrada a los niveles inferiores del mundo de la fragmentación no logra integrarse en una unidad con toda la humanidad. La subjetividad del instrumento, que es natural al sistema de fragmentación, pasa a sentirse como una «subjetividad egoica» que solo quiere recibir para sí misma sin dar hacia el exterior.

86.   Todos los conflictos exteriores se desarrollan porque se revelan hacia el exterior los conflictos interiores de alguien. Entonces, como el alma no puede resolver sus conflictos interiores los desplaza hacia el exterior creando conflictos con los demás. Si cada alma trabajará sus desequilibrios y se comunicará con los demás para construir desde la rectificación constante de todos, entonces lograríamos el final de los conflictos exteriores. Por eso debemos insistir y seguir insistiendo en el trabajo interior de cada alma, que constituye el camino para la redención del universo.

rían si se comprendiera el aporte energético de cada alma a la construcción del universo en su totalidad. Sin embargo, el trabajo individual de cada alma, como no se realiza, termina desequilibrando el foco de las energías. Todas las almas, para lograr la rectificación, deben enfocar muy bien sus energías. Esta mala distribución[87] de las energías del alma crea constantes problemas y conflictos entre los seres humanos. Si cada alma supiera cómo organizar sus energías, no caería en ningún conflicto.

La confusión que provoca la dinámica del sistema de nuestro universo en vez de «flexibilizar» las almas las endurece. La confusión[88] siempre nos conduce al miedo. Liberarse del miedo es imposible si en primer lugar no podemos liberarnos de la confusión del alma. ¿Cómo nos liberamos de dicha confusión? La única forma de comprender el alma es estudiando su estructura a través del análisis del Árbol de la Vida y sus diez dimensiones.

Cuando logramos una profunda comprensión del sistema interior del alma, entonces podemos llevar a cabo el trabajo de corrección (Tikun). En ese momento, comenzamos a comprender el trabajo de «flexibilización» a través del elemento del Daat. Este elemento

---

87. La distribución negativa de las energías del alma proviene de no conocer un mapa del alma como lo es el famoso «Árbol de la Vida». Es por ese motivo, que el mapa del Árbol de la vida como herramienta de auto-conocimiento del alma y del universo es el comienzo para el proceso de rectificación.

88. Las almas se encuentran confusas cuando no conocen como corregir sus desequilibrios y las pérdidas de energías que estos desequilibrios les traen. Es por ese motivo por el que para salir de la confusión en que las almas pueden encontrarse, lo que se debe hacer es un cambio de percepción por parte del alma con un buen desarrollo de la Biná. Si modificamos la percepción a través del estudio místico, entonces lograremos abandonar la confusión. Cuando detectamos dónde se encuentran nuestros desequilibrios es cuando logramos organizar nuestros problemas, y este es el primer paso para salir de la confusión. Si ya no existe confusión sobre la pérdida de las energías, entonces podemos actuar donde sabemos que se encuentra la Klipá.

(Daat) es la clave para alcanzar a comprender la dinámica interior del alma y la dinámica de todo el sistema en su conjunto, así como las conexiones íntimas entre el alma y el universo.

Los acontecimientos exteriores tienen su propia dinámica, nosotros no podemos controlar esos acontecimientos; sin embargo, la percepción con la que captamos esos acontecimientos modifica nuestro estado de ánimo frente a ellos. Ahora bien, si modificamos nuestra percepción interior, a pesar de que no logramos modificar los acontecimientos externos, elevamos nuestra alma a un orden de vibración superior.

El aprendizaje real (Daat) se produce cuando comprendo que no puedo cambiar los acontecimientos, pero puedo percibirlos de otro modo, y al percibirlos de otro modo, entonces puedo elegir el mejor camino para mi alma. La elección de mi camino dependerá del nivel de consciencia (Daat) que tenga en relación con dichos acontecimientos externos. Cada vez que elevo mi nivel de consciencia elijo otro tipo de camino para mi alma, tengo el potencial dado para elevarme infinitamente dentro de mis límites espacio-temporales dentro de la realidad de mi encarnación.

El sufrimiento que conlleva la inflexibilidad como resultado de la falta del Daat hace que muchas almas no logren la paz interior para avanzar.

El avance hacia la luz infinita la otorga el «Shalom» interior. Este «Shalom interior del alma» reclama también un «Shalom exterior en Maljut». Por ejemplo, cuando una pareja tiene conflictos exteriores y no hay paz entre ellos (Shalom), se puede reforzar por un tiempo el «Shalom interior» de cada uno de los componentes de dicha pareja, pero al final el «Shalom exterior» debe revelar el «Shalom interior». No se puede utilizar la interioridad como elemento de fuga de los problemas exteriores, esto constituye un desequilibrio.

La falta de «Shalom exterior» debe ser corregida y lo aprendido por el alma en esa relación debe dar lugar a comprender que hay almas que vienen a nuestra existencia solo por un tiempo para otorgarnos unas enseñanzas determinadas y, cuando concluyen su labor de Tikun con nosotros y con sí mismas, entonces las almas toman caminos diferentes.

La unión de almas es divina, pero la separación de almas también lo es.

Todo es divino. La matriz del Ein Sof predeterminó que las almas se unieran un tiempo determinado para llevar a cabo una tarea y, luego de concluir esta tarea conjunta, las almas deben separarse porque, a partir de allí, sus aprendizajes serán otros o terminaron en esta realidad física.

No existe unión de almas para el estancamiento,[89] siempre existe aprendizaje, lo que en la superficie aparece como «estancamiento»[90] en el interior se debe siempre considerar «aprendizaje».

Pero terminado el aprendizaje del alma con esta otra alma, los caminos de dos o más almas se deben separar para transitar nuevas elevaciones y revelaciones que ya no pueden ser reveladas en dichas relaciones.

Cuando una relación de dos o más almas ya no revela más información, entonces la relación se termina.

---

89. Si existen almas estancadas en una relación, sin embargo, el objetivo es que alguna de estas almas «despierte» y comprenda que debe extraer un aprendizaje. El problema es que a veces la Biná se autorreafirma tanto en su identidad que se confunde. Muchos supuestos «espirituales» utilizan la religión para imponer a los demás sus verdades absolutas.

90. A veces, en la vida superficial parece que existe estancamiento, pero la realidad es que la elevación de la consciencia opera en el interior del alma en silencio. Por eso, cuando el alma ya está suficientemente preparada para su proceso de exteriorización, entonces se revelan los contenidos interiores.

Es por ese motivo por el que el matrimonio no es indisoluble, porque no es un «sacramento»; lo sagrado es el camino de cada alma, y las separaciones de algunas almas luego de un tiempo es un proceso natural para el aprendizaje continuo. Una separación también debe ser considerada un «sacramento», porque Dios también puede separar, así como puede unir. Dios no siempre está uniendo, Dios también separa, y separar no es malo si los aprendizajes del alma han concluido en ese proceso. Decimos que lo único que corta la conexión con la matriz divina es la tristeza, pero si dos personas están «tristes» en una relación que ya no funciona, entonces sus almas están desconectadas con Dios; por lo tanto, para lograr la reconexión deben separarse para dejar la tristeza. La realidad es que el alma es consciente de que ya no aprende nada más en dicha relación, y por ese motivo comienza el sufrimiento, porque ya no hay más luz que podamos revelar allí.

Cada alma aprende lo que tiene que aprender en un periodo determinado; cuando ya no se aprende más, la relación entre estas almas concluye. En épocas anteriores, como la medicina no estaba tan avanzada, las relaciones entre almas se terminaban con la muerte física de una de ellas. Como la medicina ha avanzado, cuando un alma termina de aprender lo que debe aprender con la otra, entonces se separan sus caminos de aprendizaje y hay que darles las gracias a estas almas por el enorme aprendizaje que nos otorgaron.

Esta es otra cuestión importante que el alma debe aprender: el final de las cosas y las personas. La aceptación de la finitud debe llevar a la comprensión de la aceptación de todos los límites. Así como aceptamos la muerte, debemos aceptar la separación física de muchos amigos que dejan de serlo porque ya las enseñanzas entre dichas almas han terminado.

Todo fragmento en la finitud, incluido el propio universo como entidad finita, tendrá un final. Solo el Ein Sof no tiene final y allí quedan encriptadas todas las informaciones infinitas. En cierto modo, nosotros como información también somos eternos en la matriz. Pero esto no es ningún consuelo, es un gran misterio, porque, si dentro del Ein Sof existe toda la información infinita, nuestro universo se puede reproducir infinidad de veces y nosotros podríamos, como información, volver a existir. Quizás, no lo sabemos, pero ya hemos vivido esta vida infinidad de veces porque la matriz siempre envía la misma información sobre nuestro universo. Esto entra ya en el terreno de los secretos más profundos que no se me permite revelar.

La muerte física es un final dentro de este esquema espacio-temporal, la ruptura de una relación es un final, todo cambio es un final, todo cambio implica una muerte, pero si todo cambio es el resultado de la revelación de un secreto que no conocíamos, entonces podemos decir que el «crecimiento» y la elevación de consciencia del alma implican una «muerte constante» a las formas anteriores. Es que si no morimos a la forma anterior, no podemos renacer o resucitar a una nueva forma.

Entonces debemos acostumbrarnos a «morir siempre». La existencia física que nosotros llamamos «vida» es una serie de muertes constantes. Estamos muriendo en todo momento si pretendemos crecer. Cada hora y cada día estamos muriendo a nuestras formas anteriores, porque cada hora y cada día estamos revelando algo que se encontraba oculto.[91] Y en cada revelación estamos cambiando

---

91.   Por eso la Torá puede contener infinitas interpretaciones que hacen que nuestra labor sea infinita. Al detectar al Dios-Infinito y el deseo infinito que es su consecuencia, entonces tenemos un trabajo infinito. Nunca podríamos aburrirnos en esta existencia con un trabajo eterno. Nuestra existencia no puede abarcar la cantidad de información

nuestra identidad, porque, como sabemos, lo que busca el alma en los niveles de Nefesh y del Ruaj es la conexión con la identidad esencial del nivel de la Neshamá.

Si el dogmático cree que vive en una existencia segura, entonces realmente está muerto en vida. La verdadera vida es el crecimiento constante hacia el potencial del deseo infinito. Es decir, el desplazamiento de energías en dirección al Ein Sof nos otorga una confianza y una fuerza para desplegar el sentido de nuestra alma; sin embargo, debemos ser conscientes de que por cada avance del alma hacia la matriz divina abandonamos la forma anterior,[92] y morir a una forma anterior es una muerte, y muchas veces dolorosa, pero la naturaleza con la que fuimos creados es esta: que el alma desea crecer y crecer indefinidamente. No hay forma de salir de nuestra naturaleza predeterminada. Nosotros somos deseo infinito potencial que incrementa la intensidad de dicho deseo por el límite de la muerte física.

La eternidad del alma en el campo físico podría eventualmente llevarnos a un desplazamiento eterno hacia delante. La eternidad física nos sacaría las energías para seguir hacia delante porque no tendríamos un límite que incremente la intensidad del vivir. Por lo tanto, la vida es vivida con mayor intensidad por aquellas almas que tienen una consciencia de muerte diaria.[93]

La revelación constante de los secretos del alma y del universo

---

infinita que existe, pero lo hermoso es levantarse cada mañana y decir: «Qué luz divina revelaré hoy».

92. Podríamos decir que «trascendemos» las formas anteriores porque no se anula la información anterior, sino que se amplía y se eleva con el ingreso de nueva información a la vasija.

93. Si todos los días somos conscientes de nuestro propio final, entonces estamos otorgándole al alma una consciencia de mayor intensidad. Esta intensidad producirá una urgencia de la revelación de la luz de cada una de nuestras almas.

provoca en el alma la consciencia de muerte permanente a las formas anteriores. Esas formas anteriores se sostienen siempre a través de la dimensión de la Biná como la guardiana de la ilusión de la identidad fija. La ilusión de que existe una identidad estática se enfrenta a la verdadera identidad dinámica. Toda construcción estática a nivel mental choca inevitablemente con los secretos que se seguirán revelando y que nos modifica toda la percepción, porque la percepción no es una percepción fragmentaria, es una percepción del sistema.

El judaísmo descubrió hace siglos a través de su espiritualidad que el dinamismo es el fundamento de la realidad porque nos situamos en la dirección del deseo potencial infinito. Este deseo potencial infinito es consubstancial a la naturaleza del alma. El alma, o acepta el deseo potencial infinito de su propia naturaleza, o se rinde. Si se rinde,[94] entonces está en contra de la naturaleza predeterminada de su creación. Y todo lo que va en contra de la naturaleza predeterminada por la matriz tiende a enfermar y desaparecer de esta existencia física. El alma que no descubre su función vive una vida infeliz o direcciona negativamente las energías construyendo una identidad agresiva.

Las identidades agresivas no son el resultado de una confrontación entre lo animal y la cultura, como decía Freud. Las identidades agresivas son aquellas que no pueden direccionar hacia el sentido de su alma las energías animales, y la cultura puede ser una excelente canalización de dichas energías.

---

94. El alma nunca se debe rendir. Muchas veces lo que llamamos «rendición» es la rendición de la mente frente al alma. Y esta rendición de la mente frente al alma implica que la dimensión de la Biná no opera en exclusiva, sino que se une al sistema general. La Biná siempre se conecta con las siete dimensiones inferiores, pero las conexiones con el nivel de Keter y de Jojmá son siempre problemáticas porque existe un trabajo de definición de la identidad del Yo.

La cultura no es negativa en sí misma como método para la domesticación del animal (Freud), sino que la cultura es una construcción de las almas con el objetivo de la rectificación del universo. No es la construcción de la cultura lo negativo, sino que es el desvío de las energías hacia la destrucción y no hacia la construcción cultural. Justamente la cultura se construye a partir de energías bien enfocadas. La cultura es el foco de las energías. Sin embargo, cuando las energías no se enfocan adecuadamente, entonces se producen las guerras y los conflictos de todo tipo. Cuando una acumulación de energías se desenfoca, entonces se produce la agresividad.

La agresión[95] es una desviación de las energías porque no están enfocadas hacia la construcción cultural. Justamente la cultura es la focalización positiva de las energías que deben reflejarse fuera de las almas, porque las almas también tienen vacíos interiores por donde ingresan las energías que provienen del Ein Sof. La identidad esencial se fundamenta en la mejor distribución de las energías en correspondencia con los equilibrios interiores de las diferentes dimensiones del Árbol de la Vida.

La música clásica es una construcción cultural positiva, no es un sistema de domesticación del animal interior. Al contrario, las fuerzas biológicas animales del nivel de consciencia «Nefesh» se elevan a través de un excelente sistema cultural. Las almas que buscan el «Tikun Olam» están buscando corregir las desviaciones agresivas de la cultura y lograr que la cultura sea un elemento de canalización positiva de las energías. La cultura[96] es un aspecto positivo en los

95. La agresión o el conflicto surgen cuando la energía del alma se acumula y el alma no sabe qué hacer con estas energías, entonces se sitúan en sitios inadecuados.
96. El problema de la cultura como elemento de presión social es que, si las almas no intervienen creando una cultura dinámica, entonces se estanca y cada generación

niveles más bajos del alma porque permite el trabajo conjunto de las almas para la rectificación del universo.

El problema es cuando las instituciones se apoderan de la «cultura» para fijar pautas o dogmas inmutables. No es la cultura la culpable, es la utilización negativa del poder político al servicio de los intereses de instituciones que sostienen una tradición para autopreservarse, porque ninguna institución religiosa o política se autodisuelve por sus propios medios. Toda institución que no tenga la dinámica que se requiere[97] entonces funciona en un periodo determinado de la historia. Las almas imponen el ritmo de la luz porque están conectadas al dinamismo general del universo predeterminado por el Ein Sof.

Las estructuras religiosas y políticas se han creado en su momento sobre el miedo y el bajo nivel de consciencia de las almas. Ahora que las almas comienzan a elevar su nivel de consciencia y, por lo tanto, tienen menos miedos, las instituciones intentarán inyectar «miedos imaginarios» para sostenerse en el poder.

Sin embargo, desde el misticismo sabemos que la fuerza de la luz desde la matriz divina hacia los niveles más densos de la fragmentación no se puede detener. Es decir, la luz de cada una de

---

no se ve representada por la cultura creada por las generaciones anteriores. Las almas, por lo tanto, deben ser responsables de trabajar para la mejor focalización de sus energías y que el marco social y cultural en el que están encarnadas pueda reflejar adecuadamente su trascendencia. Cada alma, pues, debe revelar su luz, pero al mismo tiempo debe crear una estrategia subjetiva para inclinar la cultura dominante hacia las aspiraciones espirituales de su generación.

97.   ¿Cuál es la dinámica que se requiere? La dinámica de la revelación de la luz es siempre superior al deseo conservador de las instituciones. Las instituciones nacieron para preservar las luces que fueron reveladas, pero si no logran una dinámica interna, entonces no pueden revelar las nuevas luces que se revelan o se revelarán en el futuro.

nuestras almas seguirá su proceso de iluminación constante, y las instituciones religiosas y políticas intentarán resistir sobre ideas ya perimidas, obsoletas.

La realidad de la luz que se revela se está acelerando[98] de tal modo que en el silencio interior[99] de nuestras almas se está produciendo un proceso de liberación de nuestros miedos[100] y un aumento de nuestros niveles de consciencia que es irrefrenable. Esto provoca un distanciamiento entre las instituciones mundiales y la dinámica espiritual de las almas. Puede llegar un momento en que estemos representados por mecanismos de control que no son compatibles con la libertad interior de nuestras almas. Esto puede provocar enfrentamientos inútiles entre las instituciones que no quieren morir con las almas libres. Esta libertad interior de las almas no es compatible con las instituciones fijas e inmutables.

Ante esta situación, las estructuras institucionales no serán des-

---

98.   La aceleración proviene de la necesidad urgente de las almas de ser lo que son: las almas están agotadas de la deshonestidad interior y de la deshonestidad social exterior. Por eso, el trabajo interior de purificación se está realizando en forma acelerada, aunque muchas veces no lo podemos percibir en el exterior. Aun las almas se están corrigiendo en su interioridad. Sin embargo, los maestros de cábala están apareciendo por todas las naciones revelando la luz. Estos maestros espirituales se agotaron de sus propios egos descontrolados y encontraron en la espiritualidad del judaísmo las herramientas que sus almas necesitaron para su elevación de consciencia. Ahora, estas almas están preparadas para salir al mundo e iluminarlo. La potencia de estas almas es considerable, nadie puede frenar la luz que es irrefrenable. Tenemos la confianza (la Emuná) y el entusiasmo del poder de la iluminación que provienen de la matriz divina.

99.   El trabajo interior es personal, y aquí cada alma es responsable de su propia felicidad o de su propio sufrimiento de acuerdo al nivel de consciencia que ha alcanzado. Cada uno es el Mesías de sí mismo (*Raz. El Mesías*, Buenos Aires-Barcelona, enero de 2023).

100. Estamos operando para corregir los desequilibrios de la Biná que, buscando zonas de seguridad, incrementa nuestros miedos e inseguridades.

truidas como lo creían los revolucionarios de los siglos xix y xx,[101] sino que serán «desgastadas» por la indiferencia[102] de las almas. Las almas iluminadas por la conexión con la matriz divina y tomando consciencia del Tikun Olam comenzarán un trabajo silencioso de rectificación interior, pero que poco a poco se podrá revelar en el campo exterior de la materia.

Iglesias convertidas en museos que recuerdan otras épocas; sinagogas donde se repiten rituales sin el conocimiento interior del sentido simbólico de dicho ritual; mezquitas donde se reitera el Sagrado Corán, pero sin comprender que casi todos sus personajes históricos pertenecen a la tradición del judaísmo; pastores evangélicos que solo buscan vivir cómodamente de los diezmos de sus feligreses; el poder religioso en Irán o en Israel y en tantos países intentando destruir la libertad de las almas. Pero esto no tiene un recorrido más largo, porque está irrumpiendo la luz de Dios dentro de nuestras almas.

Todos estos sistemas tienen su final anunciado.

101. Lo curioso es que todas estas revoluciones terminaron creando sistemas dictatoriales iguales o peores que los anteriores, lo que demuestra que si no existe en primer lugar un trabajo de rectificacion de las almas a nivel interior, el nivel de consciencia, si es el mismo, hace que cualquier teología o ideología por más buena que sea en el campo del ideal se pervierte de acuerdo al bajo nivel de consciencia de sus miembros.

102. Las explicaciones teológicas o ideológicas ya no atraen a la juventud de nuestras naciones porque cada alma está recorriendo su camino interior. El crecimiento de consciencia de las almas está produciendo un cambio radical pero silencioso de toda la realidad. El problema es que el poder político-teológico opera sobre las inseguridades de las antiguas generaciones. Los sistemas políticos podrán reprimir y reprimir las almas, pero cuando las almas tomen consciencia de su poder interior a nivel espiritual, entonces todos los sistemas de organización política se ajustarán a las necesidades de libertad interior de las almas. Al final, los gobernantes de todas las naciones comprenderán que la redención del mundo es la única meta que tenemos todos porque, de lo contrario, nos acercaríamos a la destrucción total de la humanidad.

Estos grupos de fanáticos se pueden sostener a través del miedo y del poder de las armas, pero las luces de las almas siempre son constantes y resistentes.

La energía de Dios no puede ser destruida, se puede ocultar, desconectar, esconder y reprimir, pero la esencia de cada alma en su contacto directo con la matriz divina es inevitable porque pertenece a la naturaleza de la realidad del alma. Desde el Ein Sof, la potencia de Dios se manifiesta ahora sobre las almas y el poder humano se desintegra y no puede resistir a las almas que despiertan.

El alma, en su deseo de rectificación, se elevará por sobre todos estos grupos religiosos y sistemas de opresión. Por supuesto que las almas con miedos interiores se verán sometidas hasta la muerte, pero serán infelices. Las almas que deseen la felicidad interior buscarán estrategias para ir revelando los secretos espirituales de cada alma.

En nombre de Dios, a través de las teologías, y en nombre del ateísmo, a través de las ideologías, se han cometido los principales atropellos contra la libertad de las almas. Teologías religiosas al servicio del sometimiento de las almas e ideologías de todo tipo al servicio del mismo objetivo, y esto aún no ha terminado. Unos utilizando a Dios y otros negando a Dios, pero la fuerza divina de la luz que anida en nuestras almas es consciente ya de las manipulaciones a las que está siendo sometida.

Las almas están comenzando un proceso de liberación de todas las teologías e ideologías que intermedian y distorsionan la luz de Dios. Cuando el alma siente la luz divina en su interior, ya nadie la detiene en su conexión directa.

Todas las religiones institucionales en su conjunto están sufriendo una crisis terminal, y todos los sistemas políticos de todas las ideologías también, porque debemos saber que las ideologías son en realidad las nuevas teologías sin Dios. Pero todas son sistemas cerrados para el control de las almas a través del poder y el miedo. Las almas se liberan de los miedos y de las mentiras.

Irrumpe la luz y somos testigos de como nuestras almas están buscando, meditando, creciendo…, y que este proceso de elevación de la consciencia no se puede frenar de ninguna manera, porque cada vez que algún obstáculo del poder institucional lo quiere frenar, lo único que está haciendo es acelerar la expansión de la luz. La luz no solo tiene una fuerza propia, sino que tiene la fuerza de los obstáculos que la oscuridad le pone en su camino.[103] Así que sea porque la luz es luz, o sea porque la oscuridad la potencia, no hay forma de frenar el proceso de expansión de la luz. Las almas que más rápidamente querrán acceder a esta luz divina estudiarán profundamente los secretos de la cábala porque allí se encuentran los métodos que el alma puede aprender para su elevación.

Ha llegado la hora de la redención, el «Reino de los Cielos» se acerca…

Ahora bien: ¿Cómo prepararse para el Reino? En primer lugar, elevar la consciencia del alma (Daat) implica un estudio abierto, es decir, la creación de congregaciones de estudios libres. Estudiar los textos donde cada alma pueda extraer sus conclusiones sin que nadie se escandalice, ni el poder se sienta amenazado, porque siempre que un alma piensa y eleva su consciencia es una amenaza al poder de quien cree imaginariamente que existe un poder independiente de la matriz.

La tradición mística occidental (la cábala en particular) es una

---

103. Este tema lo explico en profundidad en mi obra *Las estrategias del Satán*, Jojmá ediciones, Barcelona, enero de 2021, y editorial Saban, Buenos Aires.

ciencia/sabiduría que nos permite un nivel elevado de conocimiento para acceder a nuestras expansiones de vasija.[104] Quien participa de un grupo místico o quien estudia la mística en soledad está creando una nueva realidad interior y, por consiguiente, en algún momento se comenzará a revelar como una realidad exterior.[105]

Porque todo el trabajo que realiza el alma en el nivel de las seis dimensiones interiores (superiores)[106] se terminará reflejando en las cuatro dimensiones exteriores (inferiores). Ahora bien, las instituciones se encuentran en el control de la Yesod actuando sobre Maljut, y nosotros como almas nos encontramos operando sobre las ocho dimensiones superiores a la Yesod; por lo tanto, las almas reforzadas por la luz superior que recibimos del Ein Sof logramos llegar a la Yesod con otras perspectivas no tradicionales. Las nuevas revelaciones operan en los niveles más elevados de consciencia. Cuando nuestras almas operan en la Jojmá y la Biná, entonces hacen descender las luces hacia los niveles inferiores y, para ser materializadas en Maljut (el campo material), deben pasar por el filtro de las instituciones religiosas y políticas.

En el campo religioso tenemos una ventaja porque existieron grandes pensadores místicos no estudiados que flexibilizaron el nivel del Daat, algo que los religiosos ignoran.

Es la ignorancia religiosa y política la que provoca el estado de sostén de las instituciones sobre un poder imaginario pero real en la materia. Las almas operamos sobre los niveles de consciencia de

---

104. La vasija simboliza el vacío interior de nuestra alma. Cuando hablamos de «expandir la vasija» estamos haciendo referencia a expandir el vacío interior de nuestras almas.
105. Todo lo oculto tiene como destino ser revelado.
106. Estas seis dimensiones superiores, el alma las revela para sí misma; cuando se traslada la energía a las cuatro inferiores, entonces el alma las revela hacia el exterior.

los estadios superiores, podemos elevarnos en forma individual de acuerdo a nuestra capacidad y podemos lograr que las interferencias exteriores sean utilizadas para reforzar nuestros avances. La expansión de la luz de nuestras almas es un trabajo constante pero urgente. Urge que se termine el sufrimiento inútil de la humanidad fruto de la ignorancia, pero este trabajo se debe realizar de modo silencioso. Si modificamos la consciencia de quienes nos gobiernan, entonces podremos exteriorizar los secretos del alma y el universo.

Si los gobernantes de todas las naciones se aferran al poder, solo debemos informarles de que se llevarán todo el poder a sus tumbas. Al visitar los cementerios, ¿no se dan cuenta los supuestos poderosos de que el poder no existe y que el único poder pertenece a Dios? El problema es que creen que «trascienden» a través del mal. En su desesperación de «trascendencia» intentan dejar el recuerdo de sus desequilibrios. Estos recuerdos nos tienen que llevar a la comprensión de no cometer los mismos desequilibrios.

El poder político y religioso desparece con la muerte física de las personas que dicen ostentarlo. Todos somos «nada» ante el Ein Sof, y esa consciencia de «Nada» debe ser la consciencia que debe regir a los gobernantes de todas las naciones.

Como los gobernantes se sienten algo en sus palacios, con sus ejércitos, sus misiles, sus banderas y sus escudos, esta sensación imaginaria de ser «dioses», este paganismo disfrazado de teología o de ideología, esta idolatría sutil pero real, hace que el sistema en que nos encontramos no se pueda sostener. Frente a la luz infinita, ninguna forma espacio-temporal del nivel de la fragmentación puede sostenerse. Por eso, toda forma de idolatría esconde una soberbia determinada, y la soberbia es un desequilibrio de una forma fragmentaria desesperada. La desesperación mental lleva a la confusión y al mal; si la sabiduría contacta con la Neshamá, entonces las distorsiones mentales dejan de operar.

¿Cómo se modificará el sistema por el Reino de los Cielos? La consciencia de redención (la revelación del Reino de los Cielos en nuestro interior) debe lograr que las almas de todos, de todas las naciones y de todos los gobernantes comprendan que todos estamos en la misma barca de Noé y que, si se hunde, nos hundimos todos.

La espiritualidad de la cábala es una de las más importantes herramientas que tenemos para nuestra supervivencia biológica. ¿Somos dignos como especie (la especie humana) de trabajar para la rectificación del universo?[107]

Nuestra falta de consciencia nos lleva y nos ha llevado a conflictos constantes en el interior del alma humana, en el exterior entre los seres humanos y en las guerras entre las naciones. Todos los conflictos provienen de problemas derivados directa o indirectamente de los desequilibrios interiores[108] de nuestras almas. Hasta lograr que cada alma asuma el trabajo interior de su propia rectificación, no podremos lograr el final de las agresiones y los conflictos exteriores, porque toda la exterioridad depende de la interioridad. Las cuatro dimensiones exteriores dependen de las seis dimensiones interiores y, sobre todo, de las tres primeras dimensiones del Árbol de la Vida.

Ahora bien, ¿cómo el alma se puede expandir obteniendo las luces que le corresponden en el nivel de la Jaiá?[109]

---

107. Si la raza humana no tiene el merecimiento de llevar a cabo la rectificación del universo, otras inteligencias en otras galaxias harán el trabajo.

108. Todos los desequilibrios son las consecuencias directas de no comprender dónde se sitúan nuestras energías.

109. El nivel del alma de Jaiá se corresponde con la percepción que tiene el alma en el universo de Atzilut (la Emanación).

Es decir, debemos comprender que el nivel de la Neshamá puede operar estratégicamente en su proceso de crecimiento constante,[110] que al final es el objetivo por el cual el alma llegó a este plano material. Sabemos que el sistema general del universo opera sobre la oscilación fundamental expansión/contracción.

Ahora, imaginemos que una vasija se expande y que en el proceso de expansión debe poner límites,[111] luego no siempre todos sus contornos se expanden al mismo tiempo y con la misma fuerza. La vasija no crece como un globo manteniendo los límites precisos de redondez, existen algunos contornos de la vasija que se expanden hacia el exterior revelando luces y en otros contornos hay poca expansión.

Es decir, las luces que se revelan pueden producir una expansión diferente en cada contorno de la vasija original. Así que la expansión de la luz no siempre es equivalente en todos sus contornos.

Por otra parte, si la expansión hacia la revelación de los secretos es muy rápida, pueden quedar espacios sin comprensión en medio de la vasija, como una especie de agujeros de incomprensión que no fueron iluminados. Esto nos lleva a la conclusión de que todos los problemas que deja la expansión deben ser resueltos en el proceso de contracción.

A veces existen «territorios de la luz» que no merecemos aún integrar, pero que sí podemos explorar, aunque la exploración nos puede provocar una gran confusión. En cuanto comienza la confusión mental, lo mejor es retirarse hacia los límites que podemos soportar

---

110. El proceso de crecimiento potencial es permanente.
111. Sabemos que mientras lo masculino se desarrolla en el plano revelado, debemos activar lo femenino en el plano oculto, y mientras lo femenino se desarrolla en el plano revelado, debemos activar lo masculino en el plano oculto. Cada vez que nos encontramos dentro de un proceso de expansión, debemos ir «reduciendo» la aceleración de dicha expansión. En esta reducción de la aceleración estamos activando el poder de la potencia femenina de restricción.

para integrar adecuadamente la luz. Hay que paralizar por un tiempo el estudio y el trabajo interior para llevar a cabo labores en el exterior, es ahí donde podemos encontrar el sentido de la superficie, como la de «descansar» en lo literal, sin profundizar, para pensar luego estrategias de profundidad que podamos soportar e integrar.

Si un tema causa confusión[112] al alma, lo mejor que el alma puede hacer es regresar a los límites originales e integrar la luz que ya posee en su interior. El proceso de integración, cuanto más rápido y eficaz sea, puede producir rápidamente una nueva expansión. Si el proceso de integración es difícil, es la consecuencia de abarcar más luz que la vasija no merece. Cuando la vasija se expande con rapidez y no tiene solidez en su proceso de integración de la luz, entonces esto causa automáticamente que no se pueda pasar a un nuevo proceso de expansión enseguida. El tiempo que el alma pierde en el proceso de integración es directamente proporcional al retorno que hace hacia sus límites. La consciencia de los límites de la vasija y la consciencia de los límites, luego de un proceso de expansión, permiten un mejor proceso de integración de la luz.

Ahora bien, pasamos al proceso de contracción, ¿regresamos a los «contornos originales»? No. Retrocedemos a los límites donde nos sentimos seguros[113] y donde sabemos que integraremos la luz. Siempre que el alma avanza hacia la luz, causa que algo de esta luz se integre dentro de su estructura.

---

112. La confusión proviene de que la mente ha cruzado un límite donde ya no puede integrar más luces. En ese momento se debe retirar a límites adecuados donde se restablezca la organización.

113. No es una búsqueda de «seguridad» para quedarse atrapado en una zona de seguridad, sino que es una seguridad transitoria donde el alma sabe que puede realizar la más rápida y eficaz integración de la luz.

Quizás tengamos que abandonar algunas áreas que hemos iluminado,[114] porque están rodeadas de oscuridad. ¿Qué sentido tiene sostener iluminaciones sin conexión con la vasija?[115] ¿Qué sentido tiene sobreexigir[116] a la vasija a un proceso de expansión o de integración que no puede sostener? El deseo natural del alma es avanzar hacia la luz en forma constante, pero la estructura finita en la que habitamos impide que este proceso continúe y que la ley de la oscilación (expansión/contracción) provoque que el alma no pueda avanzar dentro de una expansión constante. Siempre debe existir contracción dentro de todo proceso de oscilación, y el alma, para avanzar, debe cumplir con esta ley universal de la oscilación entre lo femenino y lo masculino.

Lo mejor es la sencillez y la humildad del alma, saber lo que

---

114. Llegar a iluminar algunas zonas oscuras y luego abandonarlas no es malo. Cuando debemos integrar luces interiores, lo mejor no es expandirse. La expansión de la luz solo se puede realizar cuando tenemos zonas iluminadas e integradas. Los procesos de gran expansión de la luz deben ser regulados de forma consciente. La regulación de los procesos de expansión de la luz es importante para que las luces interiores se integren de un modo adecuado. A veces, cuando sentimos que nuestras energías son excesivas, las queremos desplegar porque sentimos la necesidad de «gastar» dichas energías. Es verdad que el alma, si revela sus energías interiores, se vacía y automáticamente sabemos que se vuelve a llenar. Pero también sabemos que esto tiene un ritmo natural que el alma debe respetar. Este «ritmo natural» nos demuestra que no debemos «forzar» una expansión ilimitada de la luz, aunque tengamos energías excedentes. El exceso de las energías es natural al alma, pero debe ser muy bien administrado por la Biná. Es mejor desarrollar una importante estrategia en la Biná para saber enfocar lo mejor posible las energías interiores que deseamos expandir. Es el deseo natural del alma revelar las energías interiores al exterior, porque el espíritu de revelación anida en todas las almas. Toda la energía oculta tiene como destino la revelación.

115. ¿Qué tipo de iluminación se puede encontrar desconectada de la vasija?

116. La sobreexigencia constituye uno de los desequilibrios más importantes de la Biná.

puede hacer del mejor modo posible.[117] Para lograr la integración de
la luz dentro de la vasija del alma, el trabajo cotidiano es fundamental. Es el entusiasmo de lo «cotidiano» donde podemos encontrar
la pequeña luz, en cada situación o en cada acto de lo «cotidiano».
Lo mejor en el proceso de integración[118] que realiza la contracción
es merecer lo que hemos conseguido y no sostener iluminaciones
que aún no podemos sostener. ¿Cómo reconoce la vasija la luz que
puede sostener y qué tipo de luz no puede? La vasija puede integrar
la luz cuando dicha luz conecta con sus luces interiores anteriores,
es un «Or Makif» (luz envolvente) que se integra y se convierte en
«Or Pnimi» (luz interior).

Sin embargo, cuando la vasija necesita defender su vacío interior, entonces se pone en movimiento el Masaj (pantalla) para que
no ingrese más luz de lo que la vasija puede soportar. Por ejemplo,
una buena integración de la luz se realiza en el interior de la Tiferet
(yo interior),[119] y para esto se necesita el tiempo suficiente con mi

---

117. El gran interrogante es: ¿Lo podía hacer mejor? Por supuesto que siempre se puede
    mejorar, porque la imperfección es una cualidad que nos permite la perfectibilidad
    constante. Cada día uno puede ir mejorando en forma permanente porque es parte
    del proceso de la rectificación del alma.
118. La integración necesita de un momento de consolidación donde parece que no
    existe dinamismo exterior, pero sigue operando el dinamismo interior del alma. No
    hay dinamismo simplemente en lo que se revela en el exterior, sino que también existe
    un dinamismo interior en las seis dimensiones superiores del Árbol de la Vida.
119. Cuando me encuentro escribiendo a solas con música clásica siento que estoy avan-
    zando hacia la luz y expandiendo mi vasija. Integro no cuando escribo, sino cuando
    comienza la luz a fluir dentro de la escritura. Mi escritura es la excusa que tiene mi
    alma para que la luz fluya y vaya expandiendo mi vasija. Ahora bien, no siempre
    estoy en esta situación. Luego de un flujo de luz a través de la expansión interior,
    puede comenzar un proceso de revelación hacia el exterior, en las dimensiones de
    la Yesod y de Maljut. Es cuando la luz acumulada en el interior de la vasija necesita
    revelarse y, finalmente, se revela.

Yo interior (cuestión que analizaremos más adelante en un apartado exclusivo para el tema del tiempo desde la cábala).

Debemos tener un fuerte trabajo interior a fin de volver a situar los nuevos límites para nuestra vasija. La construcción de nuestra vasija y el crecimiento de esta requieren de mucha «sabiduría».

¿Y qué sucede cuando no tenemos aún la sabiduría suficiente para el crecimiento de nuestra vasija? Es decir, ¿cómo crece nuestra vasija si aún no nos hemos entrenado dentro de la dimensión de la sabiduría?

En realidad, aunque no estemos entrenados en la sabiduría, la dimensión de la Jojmá existe dentro de la naturaleza predeterminada del alma. Por eso todos somos «aprendices de sabios potenciales», así que, aunque el alma no sea consciente de la dimensión de la sabiduría que posee en su interior, de todos modos la tiene. En el interior de la dimensión del «Entendimiento» (Biná) se oculta la sabiduría (Jojmá). Y todas las almas lo primero que perciben es la dimensión del «Entendimiento» porque necesitan organizarse dentro de esta realidad material espacio-temporal.

La verdadera revelación es una conexión entre todo el sistema interno que tenemos dentro de la vasija. Si se revelan algunos asuntos inconexos, entonces las luces reveladas no nos son útiles porque son luces fragmentadas. Una revelación fragmentada es difícil de ser integrada al sistema del alma, se puede sostener una revelación en forma fragmentada, pero no funcionará hasta que no encuentre sus conexiones con el resto de la realidad.

Entonces debemos integrar las zonas reveladas durante el proceso de expansión, pero aquellas que podemos conectar con la unidad esencial de nuestra alma. Rabí Aryeh Kaplan dirá que la cábala trabaja la realidad como un sistema integrado.[120] La misma Torá[121] es un sistema integrado. En realidad, toda la realidad es un sistema integrado por interrelaciones ocultas. Por eso, al revelar una parte de la realidad, si está desconectada, podemos extraer conclusiones equivocadas, porque justamente opera el análisis dentro de la desconexión.

La única forma de alcanzar un análisis correcto de la realidad consiste siempre en comprender que todos los fragmentos están unidos por elementos secretos que es posible que aún no hayan sido revelados; estos son los senderos[122] de las letras hebreas que operan uniendo todas las dimensiones. La clave para comprender el sistema asimétrico del universo está en realizar un trabajo de comprensión como «sistema». Si solamente analizamos fragmentos sin la conexión con el contexto y sin las conexiones entre sí, no podremos lograr una visión general. El alma vive dentro de una unidad única, pero con dimensiones fragmentadas que trabajan diferentes autocontracciones divinas. La capacidad del alma como fractal del universo es

---

120. Un «sistema integrado» no implica un sistema simétrico porque sabemos, según la tradición de la cábala, que todos los subsistemas dentro del gran sistema del universo son asimétricos, ya que en todos ellos existen vacíos por donde se tiene que desplazar la luz desde el Ein Sof hacia los universos inferiores.

121. Torá no es «ley», proviene de la raíz de enseñanza. Por ejemplo, la palabra hebrea *Moré* (maestro) tiene la misma raíz que la palabra «Torá». Desde el punto de vista espiritual, la Torá es un sistema pedagógico de enseñanzas, también por supuesto tiene dentro de sí mismo una función jurídica para regular el sistema legal del pueblo de Israel, pero como enseñanza es universal.

122. Los 22 senderos del Daat demuestran que puede existir «Consciencia» cuando opera una unificación constante entre las diferentes dimensiones de la realidad intrínseca del alma y del universo. Cuando analizamos una dimensión sola y aislada estamos cometiendo un error, es una forma de «Sefirolatría». La forma de no caer en esta Sefirolatría consiste en comprender que todos los sistemas de la realidad están completamente unidos. Y esta unión se puede demostrar al relacionar la mística judía con todas las disciplinas.

la de operar en todos los niveles de las autocontracciones de Dios. Podemos sentir la unidad interior, así como la unidad exterior. Para la comprensión de la unidad interior estudiamos el Árbol de la Vida eterna de nuestra alma, y para la comprensión de la unidad general del universo estudiamos el Árbol de la Vida eterna cosmogónico. Toda contracción supone el fortalecimiento de la vasija. Sin embargo, para que exista la contracción debe existir una «retirada» de la luz[123] hacia una concentración lumínica determinada. La mente siempre siente las «retiradas» como retrocesos cuando en realidad las retiradas conscientes hacia la contracción causan el fortalecimiento del alma. La fuerza se mide dentro del proceso de concentración[124] y no en el de expansión. Este es el símbolo de la letra hebrea Iod, que siendo la letra más pequeña, pero la que posee la máxima concentración de la energía divina, marca el comienzo del Nombre de Dios (el Tetragrama).[125]

Todas las nuevas áreas iluminadas ahora tienen que sentirse parte de la vasija y tienen que ser recibidas en una constante copulación con las antiguas ideas que operaban tradicionalmente en la dimensión

123. La «retirada de la luz» no es una pérdida de la luz como muchos pueden pensar; la retirada de la luz es para lograr la máxima concentración de la luz en un punto y, entonces, desarrollar una potencia que el alma no tenía.

124. La energía se potencia cuando se concentra no cuando se expande. En realidad, este es un secreto que debemos comprender. Durante los procesos de expansión de la luz, esta se comienza a debilitar. Algo que se expande es débil, algo que se concentra es fuerte. Ahora bien, en un momento clave toda la concentración de la energía debe estar al servicio de la revelación de la luz. Cuando nos concentramos en nuestro interior estamos expandiendo la luz en nuestro interior, pero la limitamos en el exterior. La revelación del alma se produce cuando durante muchos años se ha llevado a cabo un trabajo potente de concentración de la energía.

125. ¿Por qué motivo el Nombre de Dios (Tetragrama) comienza con la letra más pequeña del alfabeto hebreo? Para demostrar que la máxima energía se encuentra en su máximo foco de concentración.

de la Biná. Se crean cientos o miles o millones de copulaciones entre las antiguas ideas que se encuentran en la Biná y las nuevas ideas que van ingresando a través de la Jojmá.

Por este motivo, en la nueva fase de expansión, que podemos llamar como el proceso de expansión-2, ya tenemos suficiente experiencia de lo que puede suceder. Lo primero que debemos saber es que hemos acumulado tanta energía del proceso de contracción que la expansión que podemos lograr es indudablemente superior a la primera expansión de la luz, pero debemos saber cómo y cuándo regresar.[126]

El deseo infinito, sabemos, que empuja al alma a una carrera sin frenos hacia la luz.[127] Pero sabemos que sin el entrenamiento del primer proceso de contracción, esta expansión no se hubiera podido producir.

Las fuerzas desplegadas de esta segunda expansión son muy potentes, son indudablemente mucho más potentes que las de la primera fase de expansión de la luz; sin embargo, ahora la segunda fase de la restricción (restricción-2) será mucho más difícil que la primera

---

126. Es curioso que necesitemos de la dimensión de la sabiduría (Jojmá) para comenzar el proceso de retroceso. ¿Cómo una dimensión fuertemente expansiva como la Jojmá es la que nos otorga la sabiduría de conocer el momento del comienzo de la contracción? Parece una contradicción. No es así. La sabiduría, si es verdadera y equilibrada, sabe cuándo debe dejar de expandirse. El aprendiz de sabio, al autoimponerse un límite está cuidando el equilibrio de su sabiduría para no caer en la locura. Solamente la sabiduría en su autoproceso de corrección puede limitar sus propias energías (la subdimensión de la Biná en el interior de la Jojmá).

127. El deseo puede desear la expansión hacia la luz, pero debe saber que el camino hacia la luz se encuentra realmente dentro del sistema de oscilación de expansión y contracción. Si el alma confunde su deseo de ir a la luz con la expansión permanente, entonces comete un error al no conocer cómo funcionan las leyes del universo espacio-temporal y sus sistemas de oscilación entre lo masculino y lo femenino.

fase de restricción (restricción-1). ¿Por qué motivo la restricción-2 es mucho más difícil que la restricción-1? Si la expansión-2 es más fácil porque tiene más potencia que la expansión-1, lo lógico sería que la restricción-2 fuese más fácil que la restricción-1, pero no es así. El proceso de restricción-2 es mucho más difícil. Vamos a ver el porqué de esta situación. Cuando una vasija realiza el proceso de restricción-1 tiene poco material que integrar, en general solo tiene que acumular energías para prepararse de cara al proceso de expansión-2. Sin embargo, cuando termine el proceso de expansión-2, los límites de la vasija serán tan grandes que la defensa energética de la vasija será más problemática. Es como un país que se expande mucho y, por tanto, el cuidado de sus fronteras es más complicado porque tiene más territorio que cuidar. La vasija de nuestra alma opera del mismo modo. El proceso de restricción-2 requiere un fuerte entrenamiento. La fortaleza que requiere, por ejemplo, sostener nuestro espacio interior libre de interferencias es mucho mayor que la que siempre hemos tenido. Estamos acostumbrados en el proceso de expansión a desplegar las energías y, en este sentido, todas las expansiones son oportunidades, pero en el proceso de restricción del alma hacia su interior, todas las expansiones son interferencias. Es decir, cuando el alma se encuentra en el proceso de restricción-2, las oportunidades de expansión deben ser desechadas hasta el proceso de expansión-3. Lo que sucede es que el proceso de restricción-2 llevará mucho más tiempo porque existe mucha luz que integrar en el alma: toda la luz que el alma reveló en el proceso de expansión-2. Es decir, el proceso de expansión-2 fue potente porque hicimos bien el trabajo de restricción-1, pero el trabajo de restricción-2 es el más difícil porque se tiene que integrar un caudal de luz tan grande que debemos esperar algunos años hasta terminar esta etapa. Integrar en el proceso de restricción-2 lo revelado en la etapa de expansión-2 puede llevarnos a frenar muchos años las posibilidades de expansión-3.

Ahora bien, me gustaría explicar con mayor detalle los procesos de expansión y restricción porque de la comprensión de esta ley física fundamental de la realidad del universo depende toda la realidad de nuestra alma. Cada fragmento se encuentra existiendo dentro de esta oscilación constante entre la expansión y la contracción.[128]

Las dimensiones masculinas del Árbol de la Vida (del alma) son las que se encuentran en el lado derecho y las dimensiones femeninas, las del lado izquierdo. Ahora bien, podemos decir que...

1) las dimensiones masculinas son expansivas;
2) las dimensiones femeninas son restrictivas.

Este primer análisis es correcto, sin embargo, si profundizamos en el asunto, podemos encontrar que...

1) las dimensiones masculinas a su vez también son femeninas porque todas ellas reciben;
2) las dimensiones femeninas a su vez también son masculinas porque todas ellas dan.

En definitiva, podemos concluir que todas las dimensiones son masculinas y femeninas al mismo tiempo. Hasta Maljut, que es la dimensión más baja en el Árbol de la Vida y puede ser considerada

---

128. Todos los desequilibrios tienen su origen en llevar más allá del límite la expansión masculina o restringir demasiado la luz. Las *midot* (virtudes o medidas) tienen que medir la expansión y la restricción. El sabio es quien sabe dónde frenar la expansión y dónde frenar la restricción.

como la dimensión «femenina total», también es masculina cuando da su energía de regreso hacia la Yesod.

Ahora bien, expandimos Tiferet (nuestro Yo interior) cuando estamos en soledad, y entonces restringimos la Yesod, porque no podemos sostener unas relaciones sociales absorbentes que anulen nuestra Tiferet. Soy consciente de forma personal de que yo defiendo mi Tiferet a través de mis horas de estudio y escritura. Cuando tengo la necesidad de estudiar y escribir, siento que retorno a mi Yo interior. Ahora bien, existen los hijos, la esposa, los alumnos, los amigos, así como todos aquellos vínculos afectivos que llenan la dimensión de la Yesod, y debemos dedicar un tiempo a cultivar estas relaciones. Pero cuando descendemos a la Yesod y la expandimos, se restringe la Tiferet porque el Yo social nos exige abandonar transitoriamente el Yo interior de la Tiferet. Entonces, ¿cuándo hablamos de expansión de qué hablamos? Cuando nos expandimos socialmente, al mismo tiempo restringimos nuestra soledad interior del Yo en la Tiferet, y cuando expandimos el Yo interior debemos restringir la actividad social. Ambas son necesarias porque ambas satisfacen dos dimensiones del Árbol de la Vida. Así que la cuestión, cuando hacemos referencia a la expansión, puede ser tanto la expansión de una o de otra dimensión.

Existen, por otra parte, dos diferentes procesos de expansión y restricción. Existe un proceso expansión/restricción de largo plazo y otros procesos más pequeños que operan en la vida cotidiana. Pueden existir días donde me encuentre más solicitado socialmente y otros días de la semana donde, al reservar el tiempo para el estudio y la escritura, lo que estoy provocando es un aislamiento (Hitbodedut) necesario para mi crecimiento personal. Si no logro conseguir tiempo para mí mismo, entonces no estoy haciendo las cosas correctamente.

Un Yo interior sin su espacio puede agotarse. ¿Cómo se frenan las exigencias sociales y familiares? A través de otra dimensión que tiene que funcionar muy bien para resguardar el Yo interior de la Tiferet: Guevurá. Cuando tenemos disciplina y sabemos poner límites a los demás, entonces podemos cuidar nuestra Tiferet.

Debemos proteger el Yo interior de las exigencias sociales de la Yesod, y para esto necesitamos una gran disciplina y no abrir más frentes. No hay que escoger más compromisos con los «otros» porque un Jesed desmedido afecta a la Tiferet. Para proteger el Yo interior de la Tiferet tenemos que poner en funcionamiento la Guevurá y saber decir que «no». Cuando digo que no, comienzo a reconocer mis propios límites. Cuando siempre digo que sí, entonces estoy dispersando la luz, y al no enfocarse la energía, esta entonces se pierde. Como existe poco tiempo en la existencia física (esto lo conoce el sabio a través de la dimensión de la Jojmá), la Biná debe organizar y dar prioridad a los elementos importantes que se relacionan directamente con el sentido de mi existencia. Si no conozco el sentido de mi existencia, entonces no puedo comprender qué es importante y qué es lo accesorio y todo me puede dar igual.

Lo importante es importante en relación con el sentido de la existencia física de mi alma, y lo accesorio es lo que no afecta directamente a este sentido. Todo es divino y trascendente, pero no todo lo trascendente en general es trascendente para mi alma en lo particular.

Existe un camino para cada alma; por lo tanto, como cada alma se beneficia con un tipo de luz especial, existen elementos «trascendentes» para el alma que son elementos trascendentes especiales para ella.

Reitero, todo el universo es «trascendente» con relación al Ein Sof, pero no todo es trascendente para cada alma en particular. Todo es divino, pero no todo lo divino implica que pertenece al camino del alma. El alma debe discriminar, con el poder de la Biná (Entendimiento), los elementos específicos «trascendentes» que necesita para cumplir su función en esta encarnación material. Cada una de nuestras almas tiene elementos trascendentes diferentes de acuerdo a su función. Todos los elementos son importantes dentro del universo porque cumplen una función específica, pero no todos los elementos del universo son importantes para todas las almas al mismo nivel porque las diferencias de revelación de la luz hacen que cada alma encuentre el tipo de luz que le corresponde de acuerdo a su naturaleza específica. Cuando el alma logra conocer el sentido de su existencia, entonces la Biná debe encontrar los elementos que el alma necesita para cumplir con su sentido y función en este universo.

Conocer el sentido del alma en este mundo es un factor fundamental para reconocer lo importante en función de mi naturaleza, y para luego clasificar lo que realmente el alma necesita dentro del sistema de fragmentación.

La Biná debe ser muy eficaz para rápidamente «focalizar» las energías sin pérdida de tiempo. La procastinacion[129] se produce cuando no se tiene consciencia del poco tiempo que tenemos en esta existencia. Si de promedio la gente vive 90 años y yo ya tengo 57 años (2023), entonces con mucha suerte me pueden quedar 33 años, y si me muero mañana, entonces todo el día de hoy es el tiempo que debo aprovechar.

Por este motivo, sabemos que los cabalistas han trabajado el aumento de la intensidad del tiempo aplicándole cierta urgencia

---

129. Es cuando una persona aplaza indefinidamente una labor determinada. Si el alma desea cumplir su sentido, no aplaza nada porque todo la lleva hacia la luz infinita.

no ansiosa.[130] Si entiendo que el día de hoy es el día de mi muerte, entonces hoy tengo que hacer todo lo que pueda en aras de avanzar hacia la realización del sentido de mi vida.

La dimensión de la Biná es la que tiene que trabajar «el aprovechamiento del tiempo» a través de una firme focalización de las energías interiores. Entonces, la disciplina de la Guevurá me tiene que impulsar a decirle que «no» a mi Yo respecto a lo que no es importante en relación con el sentido de mi existencia y a los demás para que no interfieran en el camino de la realización material. Mi realización depende de conocer cuándo las interferencias están obstaculizándome. Existen interferencias exteriores e interferencias interiores. Las exteriores se pueden aplazar para que no me desvíen de mi camino de la vida. Las más complicadas son las interiores porque no las puedo detectar fácilmente. También le debo poner un límite a las cuestiones administrativas porque siempre puedo poner como excusa para no realizar la tarea importante el hecho de tener que ocuparme de cuestiones que no están relacionadas con el contenido esencial.

Debo tener una «organización del tiempo» rigurosa para lograr mis objetivos fundamentales (que son los que se relacionan con el sentido de mi existencia). Para lograr este objetivo general de organización del tiempo, no tengo que abrir muchos frentes al mismo tiempo. Debo concentrarme en tres o cuatro temas fundamentales

---

130. Me gustaría explicar la urgencia no ansiosa. El alma desea de modo urgente alcanzar los más altos grados de luz en su camino de elevación hacia el Ein Sof. La ansiedad en realidad paraliza, pero la urgencia no paraliza, al contrario, la urgencia del alma por la luz es equivalente al deseo que tiene el alma. La ansiedad puede aparecer cuando existe urgencia pero confusión. El alma, cuando no está confusa, puede sentir la urgencia del alma en elevarse a la luz y no caer en la ansiedad. En cambio, el ansioso querría avanzar hacia la luz, pero no sabe cómo.

como máximo.[131] Si me expando hacia una mayor cantidad de proyectos, debilitaré de tal modo lo que tengo que se perderá el foco. Lamentablemente, muchas existencias pierden toda su energía sumando proyectos que ya no pueden abarcar. ¿Por qué motivo pasa esto? Porque la soberbia del ego descontrolado cree imaginariamente que lo puede todo al mismo tiempo y no se permite ir evolucionando paso a paso sin saltarse etapas. Aquellos que se quieren saltar etapas pueden cometer el error de caer en la parálisis. Lo que sucede es que es una parálisis misteriosa porque es una parálisis provocada por un movimiento ansioso y descontrolado. Los resultados no llegan porque se pierde el «foco». La luz no se puede perder por la expansión, la única forma de revelación de la luz es a través de la energía positiva de la dimensión de la Biná. La Biná tiene que ser muy potente y eficaz para que toda la luz de la Jojmá pueda ser revelada. La Biná debe comprender que los «años» están para crear una escalera[132] para el alma. Los días deben operar en función de los resultados a largo plazo y de los resultados a corto plazo. Si los resultados a corto plazo anulan los procesos de crecimiento a largo plazo, el alma se frustra. Lo cotidiano no puede anular los proyectos de largo plazo. A veces el largo plazo puede anular lo cotidiano. Entonces, el alma debe lograr un equilibrio entre lo cotidiano y el largo plazo. ¿Cómo se logra este equilibrio? La Biná trabaja siempre a corto plazo, pero

131. En mi caso personal, si estoy con una tesis doctoral, organizando la escuela de cábala y escribiendo un libro, no puedo desarrollar más que estos tres asuntos. Como límite máximo puedo agregar un cuarto tema, pero nunca puedo tener cinco cuestiones al mismo tiempo porque entonces pierdo la focalización de energía que necesito para terminar con cada uno de los proyectos que tengo entre manos.

132. La escalera tiene etapas precisas. Debemos tener una visión a largo plazo. Todo llega cuando tiene que llegar y nosotros debemos en silencio trabajar y seguir estudiando y creciendo.

si la Biná es consciente del sentido de la existencia del alma en este plano material, entonces la Biná «focaliza» las energías del alma para organizar «acciones» en dirección al sentido del alma. Si solamente nos ocupamos de buscar el sentido de nuestra existencia en forma teórica y no realizamos acciones materiales con la excusa de que no conocemos nuestro sentido de la vida, estamos cometiendo un error, porque muchas veces se encuentra el sentido dentro de la acción práctica misma.

La pasión de nuestra alma (la vocación esencial de la Neshamá) puede encontrarse oculta dentro de la dimensión de Maljut, y necesitamos acciones materiales que pueden ser aparente y exclusivamente «materiales» al principio sin conexión con el sentido de la vida, pero que nos lleven a encontrar en el interior oculto de dichas acciones el sentido de la vida, ese que teóricamente muchas veces no podemos encontrar. Es por ese motivo por el que no puede existir «omisión» de las acciones materiales porque no conocemos el sentido de nuestra existencia, porque el sentido del alma se puede esconder en el interior de las acciones puramente materiales que nunca en esencia son «puramente materiales» porque siempre poseen en su interior la luz que se encuentra oculta. Por eso, si no encontramos el sentido de nuestra existencia en forma teórica en el campo de Biná y Jojmá, entonces lo podemos revelar dentro de las acciones prácticas en el campo material. Por todo ello, las acciones materiales en la dimensión más densa de Maljut son importantes porque, o revelan el sentido de la existencia, o exteriorizan el sentido de la existencia que ya se reveló anteriormente en el nivel superior del alma (Jojmá y Biná).

Ahora bien, si uno encontró el sentido de su existencia, ya no tiene que desgastar energías en cuestiones que no son centrales para el alma. Ya la Biná no desgasta más energías en ocuparse de asuntos que no tienen relación con dicho sentido. Por lo tanto, cuando el alma es consciente de su sentido, ahorra una gran cantidad de energías que ahora pueden ser invertidas al servicio de la elevación a niveles superiores de luz. ¿Dónde se encuentran estos niveles de luz? En realidad, se encuentran más allá de la Neshamá, en el nivel de la Jaiá. Todo el potencial que tiene el alma es infinito y no alcanza esta existencia física para revelar el potencial total en forma absoluta. Porque el potencial total del alma sería el final del alma, su aniquilación dentro del Ein Sof. Por eso, el final de la rectificación no es el final del potencial. Aunque el alma haya realizado su «rectificación», no por ese motivo alcanza el potencial, porque todo el potencial del alma siempre se encontrará en una oscilación constante entre «el acto y el potencial».[133]

Siempre el alma puede seguir avanzando hacia la luz. Pero entonces, cuando el alma llega al nivel de Iejidá y se une transitoriamente al Ein Sof, ¿no podemos decir que llegó a la revelación de la totalidad de todo su potencial? No. Porque en realidad cuando el alma realiza su aniquilación en el nivel más elevado (Bitul), absorbe una parte de la información del Ein Sof y la hace descender a esta realidad material.

La aniquilación del alma en el Ein Sof no puede provocar que el alma logre bajar todo el Ein Sof a esta realidad (Dios no lo permita jamás), porque entonces el universo desaparecería; porque si todo el universo se aniquila, entonces todo retornaría al Ein Sof y nosotros no podríamos seguir disfrutando de la ilusión de la existencia finita y del deseo infinito potencial.

Cuando un alma determinada alcanza su plena rectificación, no

---

133. Si el Yo en acto se encuentra en la dimensión de la Tiferet, entonces el Yo potencial se encuentra en la dimensión de Keter del universo de Yetzirá.

alcanza entonces su potencial total. Esta potencialidad del alma hace que siempre se sostenga el deseo infinito, porque el Reino de los Cielos no es un resultado específico; este «Reino de los Cielos» ya está operativo en lo oculto de la realidad, y es la constante revelación del Daat. El «Reino» (Maljut) ya apareció con la creación del universo, el problema central es la revelación de las luces ocultas detrás de la realidad exterior. Y esta revelación no es un acto único y definitivo, es un proceso constante para acceder a la luz. Porque el deseo infinito potencial es que el trabajo nunca terminará, este es el éxtasis[134] del que estamos hablando en esta obra. Nos estamos acercando al éxtasis del alma más elevado: el conocimiento interior del deseo infinito.[135] El deseo infinito debe provocar en mi alma el éxtasis de siempre revelar algo aún no revelado.

---

134. El asunto es la constante pretensión de la Biná de ir midiendo los avances hacia la luz a través de los resultados exteriores, cuando la única medición posible en nuestro interior es la paz del Yo. No hay forma de cuantificar los resultados. Recuerdo una vez que fui invitado por un hombre «exitoso» a su casa y me mostró todos sus trofeos alcanzados. La verdad es que no sabía qué hacer porque me interesaba conocer el alma de ese hombre. No pude establecer relación con su alma porque todo su interés era su carrera profesional y cómo alcanzó todos sus trofeos. Me hubiera gustado conocer el alma de ese hombre, como aprendo con las almas de todos, pero no lo logré. Este hombre tenía una capa dura que yo no pude penetrar. Me fui de la reunión con un solo pensamiento: «¿Cuántas capas llevamos todos que no nos dejan revelar nuestra alma en esencia? ¿Cuántas capas tenía yo que no me dejaban revelar la luz de mi alma?». Quizás por primera vez comprendía a partir de la experiencia lo que son las Kelipot, que nos impiden llegar a la esencia de nuestra Neshamá. El trabajo de extraer tantas capas superficiales, tantos títulos, tantos trofeos y tantas muestras al exterior social es la labor de trasmutar la energía de las cáscaras y liberar las luces que hay dentro de ellas.

135. El deseo infinito como éxtasis se manifiesta en mí continuando con mi estudio de la cábala, escribiendo más obras, realizando más tesis doctorales, analizando, meditando, estudiando, siempre adelante. A veces perdiéndome para encontrarme, y a veces encontrándome para perderme.

Los interrogantes de mi alma se multiplican al infinito.

¿Qué luces se ocultan detrás de la realidad que percibo en forma tan limitada? ¿Qué luces tendré el privilegio de revelar? ¿Qué luces han revelado otras almas y que me enseñan a revelar mis propias luces? ¿Cómo se esconde la luz en esta realidad? ¿Cómo se esconde la luz de mi alma? ¿Cómo destruir las cáscaras para liberar las chispas de luz ocultas allí? ¿Cómo percibir la luz dentro del dolor? ¿Cómo percibir la luz dentro del amor? ¿Cómo percibir la luz dentro de cada dimensión? ¿Cómo comprender que Amalek no puede percibir nada de la luz? Vivir en el campo de las preguntas. Despertar por las mañanas y comenzar a descubrir que debemos preguntarnos de nuevo todo lo que limitadamente percibimos. ¿Cuáles son las nuevas preguntas que aún mi alma no se ha realizado? ¿Qué otros aspectos de la realidad no estoy percibiendo? ¿Cómo sentir la luz en la soledad, en la enfermedad, en el exilio, etcétera?

Porque no estamos haciendo referencia a simples preguntas teóricas que también nos aumentan nuestra capacidad de análisis, sino a preguntas cotidianas que pueden llevarnos a callejones sin salida. Pero, sobre todo, todas las operaciones en cualquier dimensión deben aumentar el deseo. Porque cada alma es feliz no por la satisfacción del deseo, sino porque puede aumentar el deseo hacia el infinito. Es el potencial del proyecto lo que hace que el alma se sienta feliz.

Existen, pues, dos niveles dentro del alma: un nivel abarca el conjunto del Nefesh y el Ruaj, allí existimos en niveles de mucha limitación y lo sabemos, y el segundo nivel abarca la Neshamá, la Jaiá y la Iejidá, en este segundo nivel del alma no existen las limitaciones inferiores. Los niveles más elevados del alma sienten el deseo potencial. Ahora bien, ¿cómo sentir el deseo potencial infinito dentro de las acciones finitas de nuestro cuerpo y las percepciones finitas de nuestra personalidad? Debemos comprender que los niveles más bajos del alma operan con instrumentos al servicio del deseo infinito. En los niveles inferiores se cumplen «deseos finitos», pero estos «deseos finitos» no se cumplen para satisfacerlos en exclusiva, estos deseos cumplen objetivos al servicio del deseo infinito. Imaginemos una persona rica: no tiene una riqueza infinita por más rico materialmente que sea, toda su riqueza es limitada y, aunque aumente su riqueza, siempre será limitada. Todas las riquezas materiales siempre alcanzan un límite. Ahora bien, el deseo del alma en el nivel superior desplaza todas las posibles satisfacciones de deseos finitos porque el deseo infinito, por su propia infinitud, los anula todos. No se puede comparar ningún deseo finito con el deseo potencial infinito. Todos los deseos del alma y todas las necesidades materiales del cuerpo están al servicio del deseo infinito.

Imaginemos que una persona cumple todos los deseos finitos, que cada vez que piensa en un deseo finito lo puede automáticamente satisfacer, entonces su pregunta será: ¿Para que existen estos deseos finitos si siempre se terminan por su naturaleza finita? Y no se le puede responder porque no comprende el sentido de «trascendencia» de todos los elementos finitos. Todos los fragmentos que existen existen simplemente para una función que está más allá de sí mismos. Cada alma y cada objeto físico de esta realidad existe para salir de sí mismo. Igual que el Ein Sof tuvo que salir de sí mismo por su autorrestricción, nosotros que somos fractales del Ein Sof debemos salir de nosotros mismos.

Entonces, los deseos finitos existen en función de un deseo oculto infinito. La existencia no se fundamenta en la obtención de resultados por los resultados en sí mismos porque el alma se agota al no encontrar el sentido de una satisfacción continua de deseos finitos. El éxtasis está en nunca concluir la labor, en que siempre todo es imperfecto y hay que perfeccionarlo en forma permanente. Es la felicidad de no terminar jamás. Podemos terminar una parte de la labor finita, pero la rectificación total del universo no está en nuestras manos. En nuestro poder está encontrar todo tipo de estrategias para avanzar hacia la luz infinita. Puedo revelar una nueva idea y una nueva realidad, entonces mi alma es un instrumento al servicio de revelar algo oculto, pero puedo tener un privilegio mayor, ser consciente de que este es el sentido de cada alma, y que, por lo tanto, cada día que aprendo algo y lo puedo revelar en esta realidad, entonces no solamente le otorgo sentido a mi alma, sino que entro en estado de éxtasis.

Así como el Ein Sof copula con su universo y entra en éxtasis, cada vez que nosotros revelamos una luz estamos copulando con el mundo oculto.[136] Cada vez que opero en la restricción y en la expansión estoy copulando con mi interioridad, todos los aspectos masculinos y femeninos entran en éxtasis. Una vida espiritual se puede comprobar por una existencia extasiada. Este éxtasis interior lo tengo que revelar en el exterior. Mi éxtasis se revela en mis escritos y en mis clases, otras almas revelan sus éxtasis en el arte, en la medicina, en cualquier actividad que revele su pasión interior.

La felicidad del alma se encuentra cuando revela el sentido de su existencia; el éxtasis del alma se produce cuando despliega toda su potencialidad hacia el Ein Sof. Y así como Dios copula con su universo, nosotros imitamos esa sensación. Con nuestro éxtasis interior

---

136. Es por ese motivo por el que en la noche del «Shabat» (sábado), los esposos deben tener relaciones sexuales, para que dentro de la materia lo masculino y lo femenino se unan.

sentimos de modo finito lo que Dios mismo siente al enviar su luz al universo. El éxtasis es lo que nos hace parte de Dios. El éxtasis[137] de la potencialidad infinita revela en nosotros la infinitud de Dios, y por eso sentimos la característica esencial de la divinidad en nosotros.

Existimos, entonces, en forma aparentemente diferenciada dentro de la realidad del nivel de la fragmentación, pero a través del éxtasis nos sentimos realmente parte del Ein Sof, y entonces comprendemos que no necesitamos aniquilarnos para elevarnos, sino que, por el contrario, podemos existir en un estado de elevación constante.

La excitación del alma me fusiona con el Ein Sof a tal punto que ya no siento a Dios, sino que soy parte de Él. Por lo tanto, mi mirada humana se transforma en una mirada divina. Acepto que mi Yo es un instrumento cosmogónico al servicio de la rectificación del universo. Toda mi percepción de la realidad se modifica de tal manera que siento que lo comprendo todo, aunque no pueda razonarlo todo. En un nivel del éxtasis del alma se alcanza la comprensión total, a pesar de que la mente racional (Biná) no se rinda a organizar la luz que sigue descendiendo de los niveles superiores. Porque el deseo infinito me tiene que llevar al trabajo de organizar el de las energías al infinito.

Porque el éxtasis de este nivel no es un resultado final, sino que es el comienzo de todo el trabajo del alma. Con la aniquilación del alma en los niveles superiores comienza el verdadero trabajo de revelación en los niveles más densos y limitados. Estamos encarnados, pues, para llevar la luz superior a los niveles inferiores (es lo que se conoce en el campo de la cábala como activar la Shejiná).

Y volvemos al trabajo diario y cotidiano. Entonces entramos en

---

137. El «éxtasis» nos hace ingresar en un estado de «Vida eterna». Percibimos la eternidad a través del éxtasis del nivel de Keter.

la segunda fase: ¿Cómo encontrar el éxtasis de los niveles superiores que el alma ya disfruta y bajarlos a todas las realidades inferiores? Porque puedo demostrar el amor en medio de la copulación, pero ¿puedo demostrar el amor cuando parece que no estoy copulando? ¿Cómo estoy conectado cuando parece que vivo una existencia desconectada?

¿Cómo bajamos el éxtasis del alma hacia la vida cotidiana?

Alcanzar Keter no significa que el trabajo se ha terminado, porque ahora tenemos que encontrar a Keter en el interior de Maljut. Tengo, pues, que ir a lo más pequeño de la finitud para revelar la energía divina. Es entonces cuando lograremos darle transparencia a la materia, y podremos así percibir las energías interiores detrás de lo más denso.

Este es el camino heroico del alma porque, luego de comprenderlo, todo debe ingresar en los niveles más bajos donde todo es confusión, resultado de las limitaciones.

3. Las confusiones dentro de la fragmentación

«Cuando se ignora el propósito de la vida se crean las condiciones
para que surja lo innecesario».

HAIM DAVID ZUKERWAR

El alma, al bajar a los universos inferiores, tiene el peligro de perder
este «éxtasis divino» que ha encontrado. Se puede perder el éxtasis
porque el campo de la fragmentación es tan potente que puede hacer
que el alma olvide su conexión original con la matriz. La densidad
material de los niveles inferiores puede arrastrar el alma a la ignorancia de su propia naturaleza, pero el interrogante es: ¿Cómo es
posible que el alma siendo un fragmento divino del Ein Sof pueda
perder esta consciencia divina?

Son tantos los acontecimientos cotidianos que pueden hacer que
el alma se desconecte que es probable que esta segunda etapa sea la
clave de todo el proceso de éxtasis. Porque de lo que hablamos aquí
no es simplemente de alcanzar el éxtasis en los niveles superiores,
sino de continuar este éxtasis en el campo de la materia.

El sistema que tradicionalmente creó el judaísmo para hacer
descender la luz de la divinidad a la realidad cotidiana son las
«Mitzvot», es decir, los preceptos. Ahora bien, el problema de este

sistema es que es exclusivo de la identidad judía y, por lo tanto, los rabinos establecieron entonces los siete preceptos de Noé para todas las naciones. En este sistema se mezclan los preceptos rituales con los éticos, por lo que se tiende a una gran confusión, porque los preceptos rituales del judaísmo son indudablemente herramientas para la supervivencia de la identidad del pueblo judío.

Lo que nosotros nos preguntamos entonces es: ¿Qué otros canales existen para hacer descender la luz divina al campo material? El campo de las «Mitzvot»[138] donde se desarrollo el ámbito de la «Halajá», es decir, la jurisprudencia de lo que la persona debe hacer. Este campo pertenece al derecho y, como toda ley, es exterior.

Pero aquí no estamos haciendo referencia a una serie de leyes exteriores que se tienen que cumplir, estamos expresando el deseo del alma de revelar su luz sin el necesario conocimiento del sistema legal judío. La naturaleza del alma es universal y el análisis del Árbol de la Vida funciona en todas las almas sean de la cultura que sean. La potencia del judaísmo ha sido la creación de un marco espiritual que se conoce con el nombre de «Cábala».[139] Y esta espi-

138. Es importante diferenciar las «Mitzvot ceremoniales» del judaísmo y las «Mitzvot éticas» en general. Todas las almas debemos observar las «Mitzvot éticas». La ayuda al prójimo, los actos de bondad, enseñar la espiritualidad, etcétera, son preceptos éticos que difunden la luz al universo. En el judaísmo, para sostener la identidad judía realizamos una serie de «Mitzvot ceremoniales». Existen «Mitzvot ceremoniales» cuyo trasfondo es ético y existen otros preceptos ceremoniales que probablemente no tengan un sentido ético, sino un sentido de supervivencia de la identidad judía. No comer cerdo o las comidas prohibidas no es un precepto ético, es un precepto ceremonial para el sostén de la identidad del pueblo de Israel. Se pueden buscar razonamientos espirituales a esta prohibición, pero en realidad, si no se encuentran las causas o los razonamientos espirituales, el asunto es el sostén de la identidad judía, lo cual es un conducto cultural más dentro del universo de la fragmentación.

139. Durante siglos, los sabios y místicos del judaísmo han creado una potente espiritualidad

ritualidad es universal, es el gran aporte del pueblo de Israel a lo largo de la historia.

La Halajá o jurisprudencia del judaísmo permitió al pueblo de Israel sobrevivir a través de la historia en su identidad. Si personalmente cumplo con algunas observancias, es para sostener la identidad de mi pueblo, el pueblo de Israel, y siento una responsabilidad histórica en el sostén de la identidad nacional judía, pero esto no debe anular mi capacidad de comprensión espiritual universal. El envase cultural de cada alma no debe anular el amor al prójimo. Las diferencias del mundo de la fragmentación cumplen funciones divinas específicas en cada ámbito cultural.

Ahora bien, existen muchos que observan los preceptos ceremoniales sosteniendo la identidad religiosa (de cualquier religión), pero su nivel de consciencia es bajo; también existen religiosos exteriores con un nivel de consciencia elevado. No se puede generalizar nunca porque la generalización es satánica, es una desviación de las energías. Por eso, para no caer en las generalizaciones, siempre debemos hacer referencia al «alma», a todas las almas y a todas las fractalidades que perciben un tipo de luz que no se puede generalizar. Cada alma tiene una luz especial que debe revelar. Todas las almas son necesarias porque son energías que se han revelado con un propósito específico para cada una de ellas.

Solo podemos ir generalizando a medida que vamos ascendiendo hacia los niveles superiores del alma, que no son subjetivos (Jaiá y

---

que puede beneficiar a todas las almas de toda la humanidad. Cada nación y cada grupo religioso podrá seguir operando de acuerdo a sus condicionamientos, sin embargo, las almas, por su deseo de luz, comprenderán que dentro de la espiritualidad judía se esconden los grandes secretos ocultos de las tres religiones monoteístas.

la Iejidá).[140] En los niveles inferiores, las almas ocupan una situación espacio-temporal determinada. El centro de la cuestión es: ¿Cómo bajamos la luz al mundo de la materia?

Y el gran interrogante en relación con las observancias es: ¿El cumplimiento de una observancia determinada implica que la luz baje, o se puede observar un precepto exterior y dentro del alma, en su interior, no se ha modificado nada?, ¿se puede observar un precepto exterior, pero incumplir un precepto ético que impida el descenso de la luz? Pueden existir casos donde la mente con sus autoengaños pueda operar con las «ceremonias exteriores» que no coincidan con su luz interior, o incluso llevar a cabo acciones no éticas, pero creyendo que los rituales exteriores te ayudarán a compensar estas acciones fuera de la ética. Ningún ritual exterior y ninguna vestimenta especial compensan la falta de amor al prójimo. ¿Cómo sabemos que los rituales no son suficientes para acceder a la luz? Porque históricamente los rituales han cambiado a lo largo de la historia y nunca fueron iguales. ¿Qué ritual realizaba Abraham para su conexión con Dios? Ningún ritual religioso, simplemente porque las religiones monoteístas no existían. El alma de Abraham estaba unida a la matriz y por esa confianza de Abraham en la matriz alcanzó su redención. Abraham no necesitó de ningún ritual. Los rituales están estructurados para sostener en el tiempo una identidad religiosa específica.

Si el sistema jurídico del judaísmo está fundamentado en las «Mitzvot ceremoniales», estas tienen como función regular la identidad judía y sus límites. Si decimos que las «Mitzvot» del judaísmo

---

140. En los niveles superiores del alma podríamos decir que el alma accede a la información de las raíces de las almas (Jaiá) y a la información directa del Ein Sof (Iejidá).

son canales de luz, entonces la conclusión es que todos los gentiles se tendrían que convertir al judaísmo para acceder a la luz superior que baja a través de las Mitzvot, que son exclusivas del judaísmo. Como se puede ver, estamos en un nuevo bucle.[141]

Si partimos de la base de que todas las almas son fragmentos de la divinidad, entonces no son necesarias las «Mitzvot ceremoniales» para bajar la luz; las «Mitzvot» son necesarias para sostener la identidad judía. Y el pueblo de Israel respeta estos preceptos para sostener su identidad. Pero las almas de millones de personas que no pertenecen al judaísmo son almas cuya naturaleza esencial es ser un fragmento del Ein Sof, y todas las almas para hacer descender la luz debemos practicar las «Mitzvot éticas».

Por lo tanto, si cada alma es un fragmento de la luz del Ein Sof, todas las almas revelan la luz de Dios, incluso si no conocen al Dios de la Torá porque nunca leyeron la Biblia.[142]

---

141. Es por ese motivo por el que se han creado las siete leyes de Noé donde los gentiles alcanzan también la redención. Pero si las Mitzvot del judaísmo son canales de luz, ¿entonces aquellos que no practican las Mitzvot no se benefician de dichas luces? Personalmente creo que todas las culturas tienen canales de luz y que las Mitzvot del judaísmo son canales de luz para el pueblo de Israel, pero que en todas las culturas existen canales de luz de acuerdo a la naturaleza religiosa de cada nación.

142. De todos modos, si un judío del siglo I retornará a nuestra época y observará que más de la mitad del planeta es cristiana, e islámica, dos religiones monoteístas derivadas del judaísmo, estaría verdaderamente emocionado. La fuerza del monoteísmo judío se puede percibir en el cristianismo y en el islam. Estas dos grandes religiones son herederas directas del monoteísmo del pueblo de Israel. Todo judío actual tendría que estar muy orgulloso de sostener una luz que se ha expandido en estas dos grandes religiones. Mientras las tres religiones (judaísmo, cristianismo e islam) han elaborado teologías exotéricas, un grupo de místicos judíos de modo oculto han creado una espiritualidad para el futuro, como lo es la cábala. Es por esa razón por la que la cábala iluminará en los próximos años a grandes poblaciones de la humanidad a nivel global.

A pesar de esto, cada alma lleva la luz de Dios en su corazón y posee las diez dimensiones, sea de la nacionalidad o de la religión o del origen que sea. La naturaleza del alma es la que es, haya nacido en donde haya nacido. Y no solamente la luz divina se posa en nuestras almas, sino en las almas de todas las civilizaciones que existen en las galaxias lejanas y que aún no conocemos.

En la espiritualidad de la cábala estudiamos la esencia de la luz que nos define a todos como fragmentos del Ein Sof, pero también nos desafiamos[143] a nosotros mismos a comprender cómo bajar la luz en los universos inferiores dentro del universo de la fragmentación.

Así que las posibilidades de reconexión con la matriz y de revelación de la luz son iguales para todas las almas, no importa el origen cultural que cada una de ellas tenga.

Entonces, si el sistema de las Mitzvot ilumina a quienes lo conocen, ¿cómo las almas pueden percibir la luz interior de la divinidad sin el conocimiento de este sistema? Y si existen almas que directamente jamás leyeron la Torá, ¿cómo es posible revelar la luz interior de cada alma en esta realidad sin ese conocimiento?

Estas son, pues, las preguntas clave que debemos responder si

---

143. Es un verdadero desafío bajar la luz a los universos inferiores: la densidad de estos universos es de tal magnitud que muchas almas se sienten atrapadas o bloqueadas. El alma sabe llenar con luz el vacío, mientras que, para la mente, el vacío es un abismo. El alma siente el vacío de Keter, mientras que la mente siente, si actúa sola, el vacío del abismo. El vacío depende, pues, de nuestra percepción. Si tenemos una percepción del Daat Elyon (Consciencia superior), entonces se transforma en la dimensión de Keter (la Corona), pero si tenemos una percepción exclusiva del Daat Tajtón (Consciencia inferior), entonces se transforma en un abismo desesperante. La diferencia de percepción del vacío nos puede conducir al entusiasmo místico o a la desesperación existencial, de cada uno de nosotros depende, de acuerdo al trabajo interior del alma, elegir entre estas dos percepciones.

deseamos que cada alma (libre de cualquier identidad) tenga acceso al Ein Sof y, luego, pueda bajar la luz a este plano material.

La solución siempre se encuentra oculta dentro del aparente problema.[144]

Decimos que no sabemos cómo el alma puede encontrar su luz y cómo puede hacer descender la luz de arriba hacia el mundo inferior, pero tenemos frente a nosotros la solución y no la podemos ver. Es que la solución es el alma misma. Si ya el alma realizó el proceso de elevación de la consciencia para acceder a los niveles superiores, y si ya está conectada, como hemos visto, a partir de ahora cada pensamiento, cada sentimiento y cada acto debe irradiar la luz divina.

¿Cómo desciende la luz dentro del alma humana? Desciende a partir de las diez dimensiones interiores.[145] Si conocemos profundamente la naturaleza de las diez dimensiones del alma, entonces llegamos a la conclusión de que no solamente estas sirven para ascender, sino también para descender. Por lo tanto, cada alma tiene el potencial de bajar la luz. Ahora bien, se deben estudiar profundamente las diez dimensiones para conocer cómo debemos bajar la luz interior que nos llega de los universos superiores.

Algo sabemos: que todos los obstáculos que encontramos al descender la luz los debemos «potenciar», y que todas las limitaciones (como resultado de ir operando con dimensiones cada vez más limitadas) nos deben entrenar en focalizar. Cada vez que estamos bajando

---

144. Podemos estar operando en un nivel de análisis que no resuelve el problema. Todos los problemas podrían ser resueltos si lográramos comprender el nivel de análisis que les corresponde.
145. Estas diez dimensiones deben ser trabajadas, es decir, llevadas a la acción material. Debemos materializar todas las dimensiones, por eso existe la dimensión de Maljut (la de materialización). Esta última dimensión es la que une las otras nueve dimensiones del alma dentro de cada acción material.

y vamos conociendo las limitaciones, debemos ir insertando luz en estas restricciones. ¡Qué fácil es iluminar cuando la luz se expande en el Ein Sof a medida que subimos y qué difícil es iluminar cuando la luz se restringe a medida que descendemos!

Cuanto más descendamos, sabemos que operaremos en dimensiones cada vez más restringidas. Por ejemplo, el lenguaje que utilizamos puede dar lugar a problemas de interpretación de lo que deseamos expresar, y sabemos que lo que deseamos expresar siempre es superior a lo que realmente podemos expresar.

En los campos limitados de las dimensiones no hacemos lo que queremos, hacemos lo que podemos de acuerdo a las restricciones de cada nivel dimensional.

Existe un «querer» anterior al «poder», pero lo que podemos está condicionado siempre por las limitaciones exteriores. Es un desafío ser un fragmento finito, y al mismo tiempo tenemos la «gloria» de ser finitos, la valentía de enfrentar y superar nuestras limitaciones. Somos gloriosos en la finitud. El alma se encuentra en una constante contradicción si no se eleva el nivel de consciencia, porque, por una parte, se encuentra expandiendo su «Sejel»[146] y, por la otra, se encuentra existiendo en las limitaciones finitas de la materia espacio-temporal.

Estas limitaciones, como sabemos, deben aumentar la intensidad de la búsqueda, pero como la «búsqueda es interminable», la mente puede creer que no tiene sentido dicha búsqueda, porque no existe un resultado concreto en el campo de la materia. Ahora bien, esta es la trampa mental de los «resultados concretos» que se mezclan

---

146. Sejel en hebreo significa la consciencia de iluminación que abarca Keter, Jojmá y Biná.

con el deseo de revelación exterior del alma. Es decir, por una parte, el alma desea revelar su luz al exterior, y esa revelación se verifica dentro del exterior material espacio-temporal, por la otra, lo que puede suceder es que, por la velocidad social de exteriorización de resultados, se terminen idolatrando los objetivos exteriores y se desconecten estos objetivos exteriores de la revelación del interior del alma. Por lo tanto, lo que el alma debe comprender es que la revelación exterior de los contenidos de luz interiores es necesaria porque, como sabemos, el alma tiene cuatro dimensiones de revelación en el campo inferior (Maljut, Yesod, Hod y Netzaj).

Lo importante que estamos planteando aquí es que el alma debe percibir la diferencia entre el deseo de revelación de la luz en aras de la luz y el deseo egoico de resultados exteriores. La diferencia a veces es difícil de percibir porque esta fuerza existe en el interior del alma, y es la intención real del alma. A veces, desde el exterior podemos sentir el deseo egoico del otro, y a veces no. Sin embargo, el asunto es que, para que la acción de revelación sea más limpia, debemos trabajar en una equivalencia entre el deseo de revelación sin la idea de exaltar el Yo con las acciones materiales.[147] Algunos pensadores dicen que, aunque la acción sea egoica, si la acción ayuda a los demás, se debe realizar. Quizás se comienza por actos cuya naturaleza interior es egoica y, al final, se puede ir refinando su intención, y se realizan esas acciones para simplemente revelar la luz divina.

---

147. La exaltación del Yo a través de acciones materiales egoicas es un desequilibrio porque se pierde la dirección de la luz. Es como una luz que no proviene de un sitio positivo, ya la luz está mal situada, y finalmente los resultados exteriores egoicos no otorgan la paz interior al alma, la que necesita para acceder a mayores niveles de luz. Las acciones de revelación de la luz son de carácter egoico.

En este sentido, los resultados egoicos exteriores pueden ser las «cáscaras» para las luces ocultas. Estas cáscaras están ocultando el deseo real del alma de la exteriorización de la luz.

Por lo tanto, aunque el ego parece trabajar para el ego, al final podemos encontrar que lo «egoico superficial» está ocultando también luces que deben ser reveladas. Así que al principio el alma puede creer que está revelando las luces interiores que tiene en su seno, pero en realidad puede estar operando en la superficie de energías inerciales egoicas. No debemos criticar a quien «construye» por el ego. El problema es que quien construye por el ego puede destruir también por el ego, porque el ego no tiene como objetivo la revelación de la luz interior del alma, sino la acumulación de la luz en una subjetividad imaginaria que puede terminar en la destrucción, dado que, si el ego se encuentra amenazado, entonces puede modificar la dirección de las energías hacia la destrucción. En este sentido, las cáscaras de oscuridad terminan venciendo a la luz y, al desconectarse de toda la realidad, pueden provocar la revelación de Amalek.[148]

Y dentro de las restricciones de la materia más densa debemos llevar la luz allí. ¿Cómo percibimos la energía infinita en medio de la restricción de lo finito? ¿Cómo un fragmento finito tan pequeño puede operar con la luz de la grandeza del Ein Sof? Haciendo lo que se puede de acuerdo a las limitaciones en las que existimos; sin embargo, existe un secreto que estamos revelando con esta obra: las limitaciones no son las mismas en todos los niveles de la realidad,

---

148. Por lo tanto, si la energía egoica se dirige hacia arriba en un proceso de construcción, es el Satán, pero si la misma energía egoica desciende para provocar la desconexión del alma, puede surgir Amalek.

las limitaciones se expanden o se contraen según el universo en el que alma está operativa.

Al hacer lo que se puede, no se le puede exigir más a un fragmento finito, porque, si los límites nos asfixian, debemos tener una misericordia infinita frente a los problemas que trae la finitud. Sin embargo, sabemos que la finitud no es la misma en los diferentes niveles del alma, existen finitudes diferenciadas en los diversos niveles; las propias dimensiones del alma humana y del universo marcan las finitudes diferenciadas. Keter, la dimensión más sutil, es la interfaz entre lo finito y el Ein Sof, he aquí la importancia de conocer en profundidad la dinámica de esta dimensión en particular.

La responsabilidad de todo fragmento finito se encuentra anclada en la oscilación constante de la restricción y la expansión. Cada alma es responsable de poner los límites que necesita para enfocar las energías, y cada alma es responsable de expandir la luz en los universos inferiores.

Ahora bien, la responsabilidad del alma choca con las limitaciones estructurales de los universos inferiores. El alma debe conocer el funcionamiento de las limitaciones de los universos inferiores para operar dentro de dicho sistema. Esta responsabilidad de comprensión es clave para vivir feliz. No existe un verdadero deleite[149] por la existencia si no existe una comprensión profunda de la realidad en todos los niveles. A medida que el nivel de comprensión de cada nivel aumenta, también el alma comprende en qué nivel operativo se encuentra y, por lo tanto, qué nivel del alma está funcionando y cómo debe funcionar en ese nivel de autocontracción divina.

Cuando uno mira a un ser humano se debe preguntar siempre:

---

149. Taanug, en hebreo, el deleite.

¿Cómo ha logrado ser lo que es siendo tan imperfecto y finito? Cada vez que uno percibe a otro ser humano tiene que pensar: ¿Qué esfuerzo está realizando este fragmento finito para traer la luz de la infinitud?[150] Porque el trabajo de la existencia material no es nada fácil. Algunos cabalistas han declarado que sostener económicamente a una familia es un milagro más grande que la apertura de las aguas del Mar Rojo. Y esto lo expusieron porque conocían los problemas derivados de la limitación de la materia.

Cada fragmento finito se levanta por la mañana en medio de las tinieblas de los universos inferiores, tiene tantas áreas en las que debe trabajar que está a veces vacío sin saber por qué, y sigue adelante. ¿Cómo lo hace? Como puede. Ahora bien, si el alma se encuentra con un alto nivel de luz (Daat), entonces las tinieblas desaparecen de forma automática.

Esa voluntad de seguir adelante oculta una consciencia divina de sentir que existe, una razón secreta que se mueve detrás de todas las energías del universo. Existe un sentido oculto que muchas veces es incomprensible para la mente racional, pero que existe por el hecho de la sola existencia.

El alma sospecha que existe un sentido para todo, lo siente, pero la mente no lo comprende. Cuando el alma confusa por la mente deja de buscar, entonces se puede perder desconectándose de la matriz divina (tristeza, depresión, melancolía, etc.). Es la mente con sus limitaciones la que no puede alcanzar a comprender lo que el alma comprende. ¿Qué comprende el alma? Que el sistema funciona lo mejor que puede dentro de sus limitaciones, y el alma siente que todo

---

150. Y también preguntarse: ¿Qué esfuerzo ha realizado el alma a fin de dominar la mente y refinar los conceptos para existir adecuadamente en esta realidad?

es correcto dentro del sistema general de las energías que se mueven en el universo y en el nivel oculto del Ein Sof.

Existen periodos de la vida del alma encarnada donde reina la confusión, pero el esfuerzo de organizar la luz otorga al alma una satisfacción muy elevada.

Si algo existe es porque cumple una función, y la función de la consciencia es hacernos conscientes del sentido. Es decir, la consciencia (Daat) nos revela el sentido oculto de todas las cosas, por lo tanto, la función fundamental de la consciencia es extraer la información oculta y revelarla. Lo que cada fragmento oculta es su función, pero cuando se comprende la función y se revela, entonces cada fragmento puede exteriorizar la luz que le corresponde de acuerdo a su naturaleza espacio-temporal. La mente, por su finitud, no puede encontrarle la función a todo, pero el alma siente en su interior que todo tiene una función, porque todo lo que existe lo hace porque cumple una función determinada, de lo contrario, no existiría. La sola existencia (sea material, emocional o intelectual) implica una información importante dentro del universo. Todas las energías que se revelan dentro del universo están revelando una información que necesita ser revelada. Por lo tanto, lo que se oculta tiene como destino la revelación y el alma tiene como destino siempre sentir su función.

¿Por qué motivos se creo una mente que obstruye la comprensión de la función global de todas las energías? Porque la mente racional opera en el campo específico dentro de un nivel de la realidad, pero no opera en todos los niveles. Es decir, la mente racional opera dentro de las coordenadas de su propia limitación. Más allá de sus limitaciones, cuando la mente racional no comprende la función de algo, no se le puede pedir que lo logre comprender porque comprende de acuerdo a sus limitaciones. Y como sabemos, las limitaciones de la mente racional (Biná) se pueden expandir a medida que el conocimiento intuitivo (Jojmá) se expande también. Cuando opera la Biná de manera unidimensional, entonces comprende hasta donde puede comprender; cuando opera copulando con la Jojmá, su comprensión aumenta; y cuando todas las dimensiones operan en forma simultánea, entonces el Daat comprende en el mejor nivel que puede llegar a comprender según el nivel del alma en que se encuentre operando.

El fragmento siendo finito y teniendo siempre conocimientos finitos no puede lograr la percepción global de toda la realidad, por lo tanto, por la propia estructura finita todo fragmento debe ser muy cuidadoso al opinar sobre la realidad, porque debe tener consciencia de sus propias limitaciones.[151]

Las limitaciones nos deben conducir a una humildad que nos permita siempre crecer. Cualquier tipo de soberbia mental nos puede paralizar en nuestro crecimiento. El soberbio se regodea en su zona de seguridad. El alma es consciente de que el trabajo que debe realizar es «infinito», y cuando decimos que debemos revelar al «mesías interior», no lo debemos reducir a un resultado concreto donde un día se revelará dicho «mesías interior», sino a un mesianismo interior como un proceso permanente del alma. El éxtasis del alma debe encontrarse, pues, dentro de dicho proceso.[152]

---

151. Por la conexión de las diez dimensiones se pueden superar las limitaciones, porque cuando operan todas juntas, entonces alcanzan una unidad esencial y una visión de «sistema».

152. Nos encontramos dentro de un «proceso eterno de aprendizaje». Es la mente la que busca resultados fijos y límites. La Biná se pregunta: ¿Cuándo llega el Reino de los Cielos? Nunca llegará como un resultado porque es un proceso. ¿Cuándo el alma alcanzará la luz? Nunca, porque ya tiene luz en su interior y el proceso es infinito. Todos los procesos son infinitos, parecen finitos en el universo de las formas, pero en relación con el Ein Sof son «procesos infinitos».

Cada alma hace lo que puede con lo que tiene. Restricciones económicas, restricciones culturales, condicionamientos políticos y sociales, dinámicas familiares desequilibradas y una naturaleza imperfecta de base, todos estos «satanes» son obstáculos, para nuestro crecimiento constante. Si no tuviéramos estos obstáculos, nos aburriríamos a tal punto que el alma perdería la energía que tiene que desarrollar para su rectificación.

La mente se preocupa de los obstáculos[153] cuando en realidad debe dar gracias a Dios por todos los obstáculos que se presentan porque el objetivo oculto es el aumento del deseo del alma y su revelación dentro del proceso de autosuperación constante.

Es muy fácil dentro de la escritura exponerlo, lo que es difícil es lograr la consciencia real en el campo existencial. Es decir, es en la experiencia[154] donde uno tiene que comprender que cada uno

---

153. Existe un nivel de «obstáculos» que la mente no puede sobrellevar, y por ese motivo, cuando contactamos con el nivel de la Neshamá de nuestra alma, entonces sí comprendemos la función de estos obstáculos que la mente a priori no comprende.

154. Me gustaría comprender la experiencia no en términos reduccionistas de la experiencia física, sino de las experiencias en todas las dimensiones del alma. El pensamiento de la mente racional (Biná) es una experiencia mental. Así que en realidad lo que nosotros llamamos «teoría» es también experiencia. Si caemos en la dualidad teoría/experiencia, entonces la experiencia está seccionada a lo sensible, pero debemos elevarnos de esta dualidad y comprender que todo es experiencia, incluso lo que nosotros llamamos «teoría». No existe «teoría» porque al final toda supuesta teoría influye directamente sobre la experiencia. Lo que pensamos moldea lo que vivimos en la experiencia sensible. Por lo tanto, podemos decir que la experiencia mental es una experiencia importante dentro de toda una existencia que experimenta en todos los niveles dimensionales. Hay que ser conscientes de que la dualidad siempre está al acecho en todos los ámbitos espirituales porque en el momento que creemos que la espiritualidad está desligada de la materialidad, entonces ya operamos en el campo dual. La espiritualidad de la cábala, al plantear que existe la dimensión de Maljut en el Árbol de la Vida, lo que nos está diciendo es que todo lo que existe, desde el Ein Sof al campo más denso de la materialidad, es parte de la espiritualidad. A veces,

de los obstáculos de la existencia están al servicio del crecimiento constante.

El alma siempre tiene confianza (Emuná) en sus propias fuerzas[155] porque sabe y es consciente de que estas energías provienen del Dios-Infinito;[156] la mente siempre tiene dudas de sus fuerzas porque opera en el terreno de las limitaciones espacio-temporales. La Biná (la mente racional) debe estar al servicio del alma como un instrumento poderoso de revelación y planificación de los objetivos.

Sin embargo, cuando este fragmento finito y limitado contacta con la luz interior proveniente del Ein Sof, entonces todo lo que hace, todo lo que siente y todo lo que piensa se mueve en dirección a la rectificación del universo.

¿Cómo se logra llevar la luz del Ein Sof a este campo minado de limitaciones y de problemas derivados de las limitaciones?

1) El primer camino es el del estudio constante. Debemos estudiar para modificar nuestra percepción mental y comprender los mecanismos dentro de las limitaciones. Comprender la consecuencia directa del sistema de las limitaciones que es el mal.

2) El segundo camino es el de la observación constante. Mirar las contradicciones entre lo que pensamos y el funciona-

---

para explicar los temas debemos diferenciar conceptos, pero luego debemos operar en un nivel superior Alef para lograr unificar la luz detrás de todas las dualidades o fragmentaciones.

155. Lo que aparentan ser «energías subjetivas» en realidad son siempre «energías cosmogónicas» en envases subjetivos.

156. Como sabemos, las primeras fuerzas dentro del Ein Sof no son energías, son vibraciones infinitas, que luego se convierten en energías a través del choque interior de las vibraciones infinitas altas y las vibraciones infinitas bajas.

miento de la realidad. Comprender que sostenemos muchas contradicciones porque no sabemos dónde están situadas las autocontracciones.

3) El tercer camino es el de la Emuná, la confianza en que la matriz nos entregó las energías suficientes para revelar la luz que debemos revelar

En realidad, existen infinitos caminos para todos los fragmentos: la potencia de creación de elementos finitos dentro del universo es infinita. Existe, pues, una potencia infinita de «fragmentación al infinito». Como todos los fragmentos en el interior del universo se pueden fragmentar infinitamente, podemos percibir la potencia del Ein Sof dentro del universo finito espacio-temporal.

Debemos estudiar la combinación de energías que existen dentro de la fractalidad del universo Bet de fragmentación porque siempre existe información oculta del Ein Sof que se esconde detrás de todos los fragmentos.

Por esto, el estudio minucioso de cualquier área de la realidad nos contacta con la matriz de una u otra forma. Todos son caminos para acceder a la luz superior de la matriz. Ahora bien, lo que hace curiosa la realidad existencial es la cantidad infinita de combinaciones que se producen en la fragmentación creando constantemente máscaras que ocultan el Ein Sof.

Es decir, estamos ante un impresionante universo de infinitas combinaciones posibles de información[157] que hace revelar dentro

---

157. Los cabalistas han estudiado los grandes procesos de contracción de la divinidad, las ciencias en general se ocupan del misterio de las combinaciones finitas dentro del universo espacio-temporal.

del sistema de fragmentación la infinita información del Ein Sof. Es decir, la infinita fragmentación de los universos inferiores es la prueba de la revelación de la infinitud de información que existe dentro de la raíz de todo el sistema. Un enigma fundamental es: ¿Cómo un fragmento finito se puede sostener dentro de sus propios límites sin desaparecer? Si percibimos la realidad, podremos ver en movimiento una serie de leyes físicas que están actuando en todo momento. Estas leyes físicas se fundamentan en el sistema de autocontracción de Dios. Todos los fragmentos finitos son diferentes autocontracciones del Ein Sof; por lo tanto, en cada fragmento se está reflejando un cierto tipo de autocontracción divina. Estamos percibiendo a Dios en todas las cosas. Lo que continúa siendo una maravilla (Peleh en hebreo) es la infinitud de fragmentos.

Lo curioso es que la palabra «Peleh» en hebreo contiene las letras Pe, Lamed y Alef, es decir, que si las rotamos aparece la palabra Alef, que contiene las letras Alef, Lamed y Pe. Es decir, la unidad cuando rota hacia la fragmentación es algo maravilloso. O se puede explicar de otro modo, la fragmentación oculta la Alef o la Alef se revela en el maravilloso universo de la fragmentación.

4. El tiempo

«El séptimo milenio será el día en que todo será Shabat».

Tamid 7.4

La sabiduría se alcanza cuando en todo momento estamos haciendo lo que se encuentra relacionado con nuestro proceso de rectificación del alma.

¿Cuántos años tiene el alma que vivir dentro de este cuerpo físico? Hay almas que solo viven unos días y se van. Estas almas de estos bebés cumplieron su función en los pocos días que encarnaron aquí. Para nosotros que operamos con la Biná no es difícil comprender este asunto desde nuestra percepción cultural.

Cada alma viene a cumplir una función especial en un determinado periodo de tiempo en el universo de Asiá. No sabemos cuánto tiempo físico es el que tenemos, solo sabemos que los grandes mekubalim[158] han explicado que hay que comprender que el alma puede cumplir una función en un periodo de tiempo pequeño. Pueden existir personas de 80 años de vida que no han cumplido su misión en esta existencia material, o jóvenes o bebes muertos que ya la cumplieron, o que sin cumplir su misión trabajaron intensamente para cumplirla.

---

158. Mekubalim es la palabra hebrea para designar a los cabalistas.

El tiempo físico dentro de la materia es limitado, y a medida que tomamos consciencia del límite del tiempo, más rápido pasa.

Existe una aceleración del tiempo a medida que tenemos mayor consciencia del tiempo, por ese motivo, con el paso de los años podemos decir que los años se suceden más rápidamente, como me dijo un amigo: «Como soy feliz moriré antes porque el tiempo se me acelera por la felicidad que tengo».[159] Por supuesto, cuanta más felicidad tiene el alma en esta realidad material el tiempo se acelera. También se acelera a mayor velocidad a medida que el alma conoce el sentido de su vida. Todo lo positivo acelera la percepción del paso del tiempo. Ahora bien, esta aceleración la podemos «paralizar» de forma momentánea cuando nos encontramos a solas con nosotros mismos.[160]

Me preguntan mis alumnos: «¿Usted cómo organiza su tiempo? ¿Cómo es posible que pueda escribir libros, impartir clases, estar en familia, pasear y presentarse en las entrevistas? ¿Cómo se puede estar en tantos sitios al mismo tiempo?». Este secreto lo vamos a revelar en esta obra. Mi primera respuesta es: «La cábala fue la que me enseñó a lograr esto». Ahora bien, debo explicar detalladamente cómo la cábala me ha ayudado tanto con la administración de mi tiempo, y cómo las almas podemos aprender a aprovechar el tiempo dentro de la existencia física.

En primer lugar, debemos lograr la «consciencia de nuestra muerte». Es decir, que tenemos un límite de nuestra existencia física y que todo lo que tenemos que hacer lo podemos hacer en un espacio muy

---

159. A mi querido amigo Léon Halac le debo esta sabia frase.
160. El tiempo de análisis de los textos estudiados o simplemente leídos es un tiempo para la revelación de las luces internas del alma. Luego debemos revelar hacia el exterior estas luces interiores. Nuestro trabajo es interior en la primera etapa, pero luego debe ser de revelación al exterior en una segunda etapa.

limitado de tiempo. Por eso debemos aprovechar el tiempo para realizar nuestro Tikun personal. ¿Cómo lograr la consciencia de nuestra muerte? En primer lugar, debemos saber que mañana puede terminar todo. Es decir, la muerte no tiene una fecha conocida para nosotros.

Imaginemos que podemos vivir hasta los 100 años, cosa que ya es difícil físicamente porque nuestro cuerpo está diseñado para resistir hasta donde puede y hasta donde le ayudemos. Si ya tengo 57 años (2023), entonces me faltan solo 43 años para cumplir el sentido de mi existencia. Ahora bien, si muero a las 70 años, solo me faltan 13 años.

Me falten 13 o 43 años da lo mismo porque existe un límite. ¿Qué puedo hacer en los 13 años que me quedan o en la última semana que me queda? ¿Qué puedo hacer en los 43 años o en el último día? No importa la cantidad de días, meses o años que me queden de vida física, lo importante es cómo le insuflo la luz divina a cada momento de mi existencia.

La muerte como límite me aumenta la intensidad de mi existencia. Estoy en el año 2023 y estoy intentando avanzar en mi nuevo libro y en mi nueva tesis doctoral como si fuera un joven, y tengo 57; siempre me he considerado un joven de 40, un joven de 50, y la idea es sentirse joven a los 80 años para siempre comenzar un nuevo día como una nueva oportunidad. La enseñanza del rabí Najmán de Bratzlav es muy clara cuando dice «Prohibido ser viejo». ¿Qué consecuencias tiene para el alma no sentirse nunca vieja? Nadie es viejo, es verdad que a cierta edad comienzan los problemas físicos, nadie escapa a esto, pero la prohibición del sabio de Bratzlav es la clave para comprender que la luz se oculta en esta enseñanza.

«Prohibido ser viejo» es una de las frases más potentes que otorgan un nivel de luz increíble al alma. Tengo 57 años e imagino que tengo «futuro» y que tengo 3 años o 4 años para desarrollar una tesis doctoral; luego tendré 61 (si Dios quiere) y tengo otros 3-4 años para otra tesis doctoral; después tendré 65 (si Dios quiere) y tendré otros 3-4 años para un nuevo libro o una nueva tesis doctoral. Y si Dios no lo quiere, entonces todo termina aquí, pero en el «mientras tanto» se fue desarrollando el sentido de mi existencia.

Alguien me dirá desde el exterior: «¿Qué sentido tiene acumular libros y tesis doctorales?». Y si mi alma fue llamada para esto, por qué no hacer mi rectificación hasta donde mi potencial pueda revelarse.[161] Nunca he sentido acumular nada, solo he sentido que «mi escritura me redime», es mi forma de Tikun. No necesito acumular ni libros ni tesis doctorales, lo que mi alma necesita es expresar la luz que recibe en forma permanente desde el Ein Sof, y esto no lo desea refrenar, al contrario, todos los días estimulo a mi alma a descubrir lo tiene que revelar.

¿Y si mañana muero? Si mañana muero, siempre habré desplegado la energía potencial de mi proyecto de existencia. Cada día es una nueva oportunidad donde despliega mi alma su potencial de luz y puede revelar algo más de la luz de Dios en esta realidad.

Si Dios me otorgo este nivel de potencial, ¿acaso no lo debo utilizar? Por supuesto que lo debo utilizar al máximo.

No es ambición ni acumulación egoica de títulos, es el placer que siente mi alma alcanzando nuevos niveles de luz interior y revelándolos a través de la escritura. La felicidad de levantarme

---

161. La pregunta antes de mi muerte debe ser: ¿Hice todo lo que estaba a mi alcance para cumplir el sentido de mi existencia? Antes de formular esta pregunta, antes de la muerte, lo mejor es adelantar el interrogante al tiempo presente para intensificar la potencia mesiánica del alma. Las preguntas no solamente deben ser formuladas para ser respondidas, las preguntas deben reenfocar mi alma en forma permanente hacia el cumplimiento del sentido de mi existencia.

por las mañanas ante el desafío de la pregunta «¿Qué luz divina se revelará hoy en mi alma?». Y por las noches, la gran pregunta: «¿Qué he aprendido nuevo hoy?». Siempre sueño que todas las almas encarnadas de todas las naciones pueden realizar esto. Imagino el «Reino de Dios» como una sociedad donde todas las almas se levanten por las mañanas para cumplir felizmente la misión que tiene cada una de ellas. Si existen desequilibrios, simplemente es porque las almas no practican este sencillo entrenamiento. Levantarse a pesar de todas las dificultades para percibir un mundo mejor, una vida mejor, para percibir que tenemos vida donde desarrollar nuestras energías.

Si cada mañana me levanto con el entusiasmo de buscar algo más de luz en esta realidad, de comprender mi capacidad como alma de revelar algo nuevo que nadie ha revelado, entonces ya soy feliz por el simple hecho de comprender que mi alma está realizando el trabajo de revelación que vino a hacer en esta existencia material espacio-temporal. Y cada noche me acuesto con la convicción de que algo nuevo he aprendido, que un tipo de conocimiento se ha integrado en mi alma, por más pequeño que sea ese saber que he incorporado. La felicidad de levantarme por las mañanas sabiendo que tengo una función existencial y la felicidad de acostarme con un rayo más de luz que se unió en el interior de mi alma.

Felicidad al levantarme por la oportunidad de buscar, felicidad durante todo el día por la búsqueda misma y felicidad al acostarme con una luz o varias luces que se han integrado a mi alma. En este nivel de felicidad alcanzó la dimensión de Keter. Es decir, todo vacío se percibe entonces como una oportunidad de elevarme a la luz. Que toda pregunta está perforando la realidad para alcanzar un nivel de alegría dentro de la vida cotidiana. Cada acto cotidiano se transforma en extraordinario, cada acto de la vida diaria se convierte en un acto de luz divina, porque en cada acción mi alma está íntegramente presente en dicho acto. Lo que se presenta en cada acto, por minúsculo que sea, es la oportunidad que tiene el alma de engarzarlo dentro de una serie de acciones que tienden a mi rectificación y a la rectificación del universo.

¿Cómo las preguntas están relacionadas con el tiempo? Cada vez que me abro a una pregunta, lo que sucede no es simplemente una apertura a un determinado vacío, también ingresan conocimientos secretos que mi alma tiene la capacidad de revelarlos.

En ese momento comienza un proceso de revelación de la luz divina en forma constante dentro de mi alma. Este proceso de revelación divino en el interior de mi alma provoca un éxtasis permanente, pero el éxtasis no es el objetivo de la búsqueda de los vacíos para la elevación del alma, ya que dicha búsqueda cumple la función y el sentido del alma en esta encarnación material. La felicidad o el éxtasis que se alcanza es la consecuencia de llevar a cabo lo que cada alma tiene que llevar a cabo según la naturaleza de sí misma.

Es decir, no es que se busque el éxtasis por el éxtasis en sí mismo, sino que lo que se busca es la información secreta que el alma debe revelar, y entonces la revelación de la luz provoca el éxtasis, porque el alma siente una reconexión profunda con la luz infinita del Ein Sof.

Esta sensación de reconexión con el Ein Sof es muy difícil de describir en términos conceptuales, pero es la sensación de que todo está bien como está y que todo esté bien cambiando el estado en el que se encuentra. Ya sea que una forma cambie o que una forma aparentemente se encuentre fija, en cualquier caso, todo está como debe ser, y si hacemos la rectificación, esta rectificación debe rectificar lo que tiene que rectificar.[162]

No es una sensación de aceptación, es una sensación de paz interior a pesar de todo lo que sucede en el exterior. Y esto solo se alcanza dentro del tiempo en el que el alma habita la materia. Por lo tanto, la cuestión de la administración del tiempo es una de las claves de la rectificación del alma en este universo. Cada día uno debe llevar los puntos fundamentales en los cuales debe trabajar o solucionar, sin embargo, hay tres tipos de puntos:

1) Puntos que se deben trabajar de forma puntual y que se terminan dentro del día.
2) Puntos a largo plazo.[163]

---

162. Lamentablemente, algunos grupos, en el mundo espiritual, tienen una distorsionada idea de que todo está bien como está. En realidad, el universo es imperfecto y no debemos pensar que todo está bien como está, sino que, por el contrario, hay que pensar que debemos realizar la rectificación del alma y del universo, lo cual implica que no todo está bien como está. Cuando actuamos para hacer los cambios en aras de la rectificación, estos cambios también son parte del está todo bien como está y todo está bien como lo estoy modificando. No debemos tomar la frase «todo está bien como está» para la inactividad y el ocio. El proceso de rectificación lleva a no quedarse con los brazos cruzados y modificar y perfeccionar la realidad imperfecta para liberar las luces atrapadas dentro de las Kelipot; por lo tanto, todo está bien como está y, al mismo tiempo, todo no está bien como está. Debemos oscilar entre el «todo está bien como está» (ser felices con lo que hay) y el «todo no está bien como está» (ser felices en el trabajo de rectificación constante que tenemos que realizar). Toda la imperfección que vivimos es perfecta, pero no todo lo perfecto es perfecto; lo «perfecto» abarca la imperfección que debemos trabajar en el proceso del perfeccionamiento constante.

163. Los puntos a largo plazo en realidad son parte del proyecto eterno del universo. En este nivel, ya no debemos pensar en términos de resultados, sino en términos de «eternidad». Estamos en un proceso eterno continuo, aparezcan o no los resultados tangibles. Lo importante es continuar avanzando y creciendo y los resultados pueden revelar la luz, pero también no alcanzar los resultados puede revelar la luz. Muchas

3) Puntos de mediano plazo.

Por ejemplo, me tengo que reservar algunas horas al día para el punto 2, los puntos a largo plazo; por ejemplo, para escribir un libro necesito un tiempo específico todos los días o determinados días de la semana. Este tiempo a largo plazo requiere de una mayor disciplina para reservarlo, porque los temas administrativos nos pueden arrastrar a anularlo. Es decir, los puntos a corto y mediano plazo pueden anular los puntos a largo plazo. Cuanto más tiempo dispongamos para los proyectos relacionados con la «eternidad del alma» entonces mayores satisfacciones alcanzaremos en relación con el sentido de nuestras vidas.

Mientras tanto debo operar sobre los puntos a corto plazo del punto 1, por ejemplo, si debo repasar un tema de una clase para el mismo día. Los puntos de mediano plazo son aquellos que no operan en el largo, pero tampoco operan en un plazo inminente.

Pondré ejemplos de operar en los tres puntos al mismo tiempo cada día en forma simultánea:

---

veces en la existencia, el no alcanzar los resultados nos otorga mayor revelación de la luz que el alcanzar los resultados. Cuando uno alcanza los resultados, se puede dormir en la sensación de haber llegado, en cambio, cuando no se alcanzan los resultados, el resultado es que el alma se pone en marcha a buscar otras formas de alcanzar la luz. A veces, no obtener los resultados otorga más potencia al alma que cuando se obtienen. Por lo tanto, se puede revelar la luz cuando alcanzamos y cuando no alcanzamos los resultados, porque la luz no solo se revela cuando el resultado se logra, la luz también se revela cuando los resultados no se logran. Cuando sentimos la potencia de la luz independientemente de los resultados exteriores es que entonces estamos sintiendo el deseo potencial que no se relaciona con la exteriorización. En ese nivel sabemos que entramos en la dimensión de Keter.

Imaginemos que en un día tengo que estudiar para una conferencia que impartiré dentro de un mes (punto 3 de mediano plazo), me reservo para esto una hora; luego tengo que continuar escribiendo el libro (punto 2 de largo plazo), y luego tengo que llamar al odontólogo porque me duele un diente (punto 1 de corto plazo). Los tres puntos son importantes. ¿Qué sucede con la gran mayoría de las almas? Enfocan todas sus energías en el punto 1 y no logran escribir un libro ni prepararse para los proyectos de mediano plazo.

Los proyectos del punto 2 son los más difíciles de llevar adelante porque en realidad no se ven los resultados rápidamente. Por ejemplo, la escritura de un libro puede llevar uno o dos años, una tesis doctoral puede llevar entre dos y cuatro años.

Estos proyectos a largo plazo solo se pueden llevar adelante si tenemos el éxtasis del proceso y no el deseo finito de satisfacción inmediata. Los proyectos a largo plazo dependen de un éxtasis permanente en el tiempo, dependen de las acciones de todos los días, dependen del estudio diario que no se revela exteriormente en el corto plazo.

La mente (Biná) puede creer que, al no revelarse en el corto plazo, no otorgan satisfacción. La cuestión es que debemos tener la satisfacción de «recibir la luz» en los proyectos a largo plazo, en el disfrute de la vida en sí misma como un proceso de elevación permanente. El proceso, cuando es excitante, el alma lo disfruta y no importa cuándo finaliza, en realidad, el alma siente que el deseo es que no termine nunca. El deseo real al escribir un libro es que nunca termine la escritura de dicho libro.

Mientras estoy escribiendo estas palabras siento el deseo del potencial infinito que me lleva hacia delante. No me interesa terminar los capítulos ni me interesa concluir la obra, me interesa impulsarla hacia delante; entonces el tiempo se encuentra a mi servicio. Por supuesto, soy consciente de que en algún momento le tendré que poner un límite a la obra y deberé decir: «Esto se ha terminado». También hay que tener la fuerza para imponerse estos límites. Pero mientras la escritura me permita la expansión de la luz, ¿con qué objetivo voy a terminar la obra si mi deseo potencial infinito se está manifestando? En realidad, sucede en el éxtasis del proceso una sensación de «eternidad» donde el tiempo transcurre de un modo extraño, no es que se paralice el tiempo, es que el éxtasis del alma, mientras revela la luz de su interior, se conecta con algo eterno dentro del sistema.

Esto es lo que deben provocar los proyectos a largo plazo.

En realidad, esto es lo que deben provocar los «proyectos eternos». Cuando un alma se ata a un proyecto de eternidad, entonces siempre tiene sentido su corta vida biológica, pero cuando un alma se ata a un proyecto espacio-temporal limitado, entonces el alma se retira y se jubila. No existe jubilación dentro de la espiritualidad, el alma crece hasta el último minuto dentro de la existencia física. El mejor proyecto eterno es el estudio constante de la realidad. Dentro de la cábala somos felices porque estamos siempre creciendo por todos los medios posibles.

Si no existe «Emuná» (confianza) y mucho «Oneg» (placer, deleite), es imposible llevar adelante un proyecto a largo plazo. Sin embargo, en estos proyectos a largo plazo es donde el alma alcanza su máximo potencial. La «Emuná total» se alcanza cuando el proyecto es eterno. Nosotros nos dirigimos a revelar los secretos del Ein Sof, por lo tanto, el proceso es infinito y eterno. Cada día que nos levantamos decimos: «Qué felicidad participar en un proyecto eterno y que mi trabajo nunca termine».[164]

---

164. El mesianismo dentro del judaísmo siempre es un mesianismo potencial, es decir, nunca llegará el Mesías para que la energía siempre se desplace hacia el Ein Sof.

La sensación en este nivel es que el tiempo se detiene sin detenerse, por eso aparece la sensación de la eternidad. Es una eternidad de luz. Dado que el aburrimiento es la percepción de no saber qué hacer con el tiempo, entonces se transforma en una eternidad de oscuridad. En el aburrimiento, el alma entra en confusión.

Las almas que sufren la falta de sentido son las que se encuentran malgastando sus energías. Por esta razón, debemos enfocarnos con muchísima energía en los proyectos a largo plazo. No todas las almas están entrenadas en este nivel. Para entrenar las almas en el éxtasis de los proyectos a largo plazo, se debe sentir en el interior la felicidad constante del proyecto y, para sentir la eternidad dentro del alma, hay que comprender qué significa el «proyecto de eternidad».

Cada letra que estoy escribiendo es una pequeña partícula de luz divina que se está revelando, y cada palabra que escribo en esta obra o en otros escritos debe ser considerada como luz divina. La escritura, por lo tanto, se convierte en un trabajo sagrado donde se sacraliza cada segundo de la existencia, y se sacraliza cualquier punto de lo cotidiano. Y cuando abandono la escritura y voy a la nevera a comer algo, entonces bendigo en mi interior la comida y sacralizo ese instante, y cuando leo sacralizo ese instante, y cuando voy al baño doy gracias a Dios porque los órganos de mi cuerpo están al servicio de la luz de mi alma, y ese momento todo se valora, todo se bendice y todo se sacraliza, y entonces alcanzamos un estado continuo de «Shabat eterno».

Dice Rabí Moshe Cordovero «que existe un tiempo fuera del tiempo», y allí habitan las almas del otro lado, las almas que, al dejar los cuerpos, se elevan a la luz del universo de Briá. Cuando un alma

---

Este asunto lo he analizado en mi obra «La Matriz intelectual del judaísmo y la Génesis de Europa» Buenos Aires, agosto de 2005

sale del cuerpo vive dentro de las energías briáticas. Esto es lo que en la tradición judía denominamos como el «Olam Habá» (el mundo del futuro), que en realidad no es del futuro, sino del presente continuo. En ese nivel, cuando el alma pasa al «Olam HaBá» percibimos la luz de un modo diferente a la luz que se percibe dentro de la materia del universo de Asiá, y también existe una percepción diferente. Cuando el alma se eleva a las dimensiones superiores del universo de Yetzirá, se acerca a percibir el tiempo en los mismos términos que los percibe el alma cuando sale del cuerpo. Por eso podemos lograr un estado de éxtasis que nos conduce a sentir la eternidad que siente la matriz en su esencia. Nos acercamos a la sensación de eternidad del Ein Sof en su núcleo («Atzmut»).[165]

¿Imagina el alma vivir en un estado continuo de eternidad a pesar del paso del tiempo? Así es. Esto es lo que sentimos las almas que accedemos a comprender claramente el factor del tiempo. Sabemos que podemos percibir el tiempo de acuerdo al trabajo interior que estamos realizando. En cada dimensión de nuestro Árbol de la Vida interior percibimos un «tiempo diferente». No es lo mismo el tiempo en la dimensión de Maljut que el tiempo en la dimensión de la Jojmá. Entonces llegamos a la conclusión de que el tiempo depende del nivel de autocontracción del Ein Sof en todos los niveles de la realidad.

¿Cómo es posible coordinar dos conceptos que parecen contrapuestos? ¿Cómo vivir pensando que moriré mañana, y cómo vivir pensando que viviré eternamente?[166]

---

165. El «Atzmut» es la información infinita y oculta que nuestro universo no podrá revelar jamás porque se encuentra en el máximo ocultamiento de todos los niveles de ocultamiento.
166. Moisés Cordovero (1522-1570) dice en su obra *Or Yakar* (su interpretación al

Esto es una manifiesta contradicción. Existe una realidad subjetiva: que físicamente moriremos. Pero también existe otra realidad objetiva: que la realidad del Ein Sof es eterna. Es decir, existen dos realidades en diferentes grados. Cuando el Ein Sof no se autocontrae dentro del infinito fuera del universo espacio-temporal, allí existe información eterna, mientras que dentro de los niveles de autocontracción divina espacio-temporales, existe la muerte. Entonces sentimos ambas realidades al mismo tiempo: sentimos que estamos en permanente muerte por la dinámica del universo, y sentimos la eternidad por la consciencia infinita del Ein Sof en los niveles superiores del alma.[167]

Por lo tanto, el alma va sintiendo el factor tiempo de acuerdo al nivel de autocontracción[168] en el que se encuentra.[169] Si el alma in-

---

Zohar) que hay dos energías que se revelan dentro del plano material (Maljut): una energía proviene de la Biná, la que nos ayuda en el tiempo-espacio, y la otra energía que proviene de la Jojmá es la que nos ayuda en los temas superiores en relación con el Ein Sof y la eternidad. Nosotros en nuestra estructura podemos sentir ambas. La Neshamá es el nivel del alma que tiene el privilegio de sentir ambas sensaciones. El alma puede sentir el espacio-tiempo en los dos niveles más bajos (Nefesh y Ruaj) y puede sentir la eternidad en los dos niveles más elevados (Jaiá y la Iejidá). Por eso, en el nivel de la Neshamá podemos comprender la existencia y la no-existencia y experimentar la oscilación constante entre los universos espacio-temporales y la eternidad.

167. El alma se siente eterna y al mismo tiempo espacio-temporal. Cuando la consciencia se expande más allá de la subjetividad del Yo, entonces se conecta con la eternidad. Cuando la consciencia se restringe en los tres niveles inferiores del alma y nuevamente siente su subjetividad, entonces se conecta con las limitaciones espacio-temporales de modo que siente la muerte física.

168. Cada autocontracción divina produce un tiempo-espacio diferente. Como las almas estamos estructuradas por varias dimensiones, no todas ellas tienen una consciencia espacio-temporal equivalente. Cada dimensión en el interior del alma opera en otra frecuencia espacio-temporal.

169. En realidad, el alma en sustancia se encuentra operando en los cinco niveles, es la consciencia del alma (Daat) quien sube y baja por los diferentes niveles del alma.

tenta buscar un «resultado final», entonces se desespera porque no existe resultado final dentro de la subjetividad, ya que existe la potencialidad infinita del deseo. Por lo tanto, debemos dejar de operar con resultados finales, porque todos los resultados son transitorios, es decir, hoy alcanzo este resultado y mañana alcanzaré otro, y todos ellos son resultados finitos por la satisfacción de deseos también finitos. Esto nos conduce a la desesperación de una búsqueda de resultados ininterrumpidos que nos impiden comprender que la realidad está fundamentada en el «proceso». El mesías no llegará porque todo el mesianismo es potencial, mi alma no llegará a ningún lugar porque mi potencialidad es infinita, nada tiene un resultado final porque todos son estados transicionales. El alma debe aprender dentro del proceso mesiánico potencial. Todos son procesos; cuando se analizan se puede cortar la realidad y establecer un resultado, pero reiteramos que todo resultado es transitorio porque el proceso continúa.

La organización del tiempo por parte del alma es fundamental para llevar a cabo el proceso de avance. No existen avances a la luz en forma desordenada.[170]

He visto almas confundidas por la luz que no pueden avanzar,

---

170. Cuando existe el desorden, se produce la revelación de la oscuridad. Y la oscuridad está allí para poner un límite a la confusión. Es decir, el estado de oscuridad que en principio es negativo le trae al alma la información de que debe corregir. Si no tuviéramos la función de oscuridad, el alma no tendría la información que necesita para aplicar la corrección. Nuestro «Tikun» depende de la consciencia que tenemos de encontrarnos en estado de confusión y desequilibrio. Cuando logramos tener esta «consciencia», entonces trabajamos el mapa del Árbol de la Vida para establecer los puntos donde los desequilibrios se están enquistando. Y cuando ya tenemos correctamente el mapa analizado, entonces comienza la Biná a establecer las estrategias por donde se revelará la luz y organizará sus energías con el fin de cumplir el sentido por el cual el alma se ha encarnado en esta realidad material espacio-temporal.

es más, que por acumulación de sus energías interiores terminan en agresiones hacia el exterior. Cuando en algunos momentos de mi vida he tenido misericordia con estas almas, la respuesta que he tenido en muchos casos es el aumento de la agresión. Porque la paz interior que uno puede revelar hace de espejo a las almas que no consiguen esta paz interior, y entonces atacan agresivamente. ¿Cómo lograr la rectificación de la humanidad para organizar estas agresiones? Seguir y seguir difundiendo la luz a costa de seguir siendo «agredido».

La envidia, los celos, el chisme, todos los desordenes en las diferentes dimensiones provocan que muchas almas no logren alcanzar su paz interior. En realidad, la paz interior se alcanza cuando estamos enfocando correctamente nuestras energías, y esto solo sucede cuando...

1) logramos cambiar la percepción de la Biná;
2) logramos encontrar el sentido de la existencia dentro de la Jojmá, y
3) cuando logramos unir el cambio de percepción y el sentido de la existencia en Daat.

Estos tres trabajos son las labores esenciales que se llevan a cabo en el campo del misticismo judío (la cábala).

Los dos primeros son simultáneos, el tercero se desarrolla cuando los dos primeros están muy avanzados. Ahora bien, para lograr estos objetivos debemos tener una gran autodisciplina. Y esta autodisciplina, ¿dónde la encontramos? En un esfuerzo en la organización de nuestro tiempo. Es decir, que aprovechar nuestro tiempo es la clave para lograr la autodisciplina de lo que debemos hacer con nuestra existencia.

Existe una trampa con el factor «tiempo». Intentare explicarla. Algunos dicen: «No tengo dinero y, si lo tuviera (Maljut), tendría el tiempo para hacer lo que quiero». Esto es una excusa, porque lo que quiere el alma lo tiene que hacer aun en las circunstancias difíciles de la economía, y no lo expreso por la teoría de la cábala, sino por mi propia vida personal.[171] Ahora vamos al otro extremo de la trampa: las personas que sí tienen disponibilidad económica, pero se aburren porque no saben qué hacer con sus vidas. Hay almas perdidas en la abundancia económica. Se preguntan: «¿Para qué crecer si tengo dinero?». Es decir, estas almas reducen el crecimiento al crecimiento económico, y esta es la trampa. Tanto unas por no tener dinero como las otras por tenerlo no comprenden que el dinero es un instrumento al servicio del crecimiento espiritual real.

Entonces llegamos a una conclusión: el sentido de la vida para el alma es independiente de la economía. En las restricciones de la materia o en la abundancia de la materia, el alma desea crecer espiritualmente. Quien sepa utilizar con sabiduría el instrumento de la economía, logrará comprender que el proceso de crecimiento hacia la luz no está condicionado por la situación material.

Muchas almas con problemas en el campo de la materia han revelado un nivel de luz impresionante, mientras que hay otras almas que, dormidas por el bienestar, se han aburrido y no han podido extraer su luz y anularon su potencial interior. Incluso sucede lo peor, las almas que están encarnadas con una gran satisfacción material

---

171. La famosa pirámide de Maslow, tan utilizada en economía, no funciona en el campo espiritual. El alma desea lo que desea independientemente de los recursos económicos, y luego busca los recursos económicos para hacer lo que vino a realizar en este plano. Hay almas que conectan con su sentido de la existencia y luego se «ocupan» del mundo material.

terminan sin encontrar el sentido de su existencia y muchas se terminan suicidando.[172]

Aun si Dios te da poco, el alma con ese poco puede extraer todo su potencial, y si Dios te da mucho, debes saber que lo que te entrega es un instrumento para crecer y no para dormirte. Las restricciones te despiertan y las expansiones a veces nos debilitan.

Cuando un ser tiene una disponibilidad económica holgada, debe saber que ahora su nivel de autodisciplina debe aumentar porque puede confundir la expansión material con el aumento de la luz, y no es así.

El progreso económico no implica una elevación a la luz como ya sabemos; hay personas que se quedan estancadas en la materia y quedan atrapadas ahí, acumulan solo para sus herederos y, a su vez, estos para sus herederos, y este camino no tiene fin.

No estamos planteando que el crecimiento económico es negativo, solamente estamos explicando que debe estar al servicio de una luz trascendente (comprar libros para niños que no tienen el dinero para hacerlo, ayudar a familias sin recursos, dar trabajo, ayudar a los investigadores de enfermedades en sus estudios, y un largo etcétera).

La materia es una concentración de energía, y el alma sabe que la materia es solo un instrumento para el crecimiento. Debemos organizar bien nuestro tiempo en aras de nuestra alma y de la rectificación del universo.

---

172. Existen muchos suicidas que toman esta decisión porque no comprenden cuál es su función en esta realidad, y existe una gran mayoría que no se atreven a suicidarse, pero que languidecen en esta existencia de forma inercial. Lo mejor es estudiar y desarrollar las diez dimensiones y llevarlas a la acción, y entonces aprovechar esta existencia como una única oportunidad dentro de esta identidad, más allá de mi retorno en una reencarnación futura.

No debemos caer en vivir en la pobreza por nuestra irresponsabilidad de estudiar exclusivamente la Torá, como hacen ciertos grupos.[173] Nosotros somos responsables de tener un trabajo digno y un espacio de tiempo diario para el estudio. Debemos sostener un equilibrio para que la energía del Daat oscile correctamente en la línea media del Árbol de la Vida.

La distribución del tiempo debe siempre estar en función del sentido de la vida que tiene cada alma en particular, pero nunca debemos tomar como excusa la «función del alma» para encerrarnos en una dimensión de forma exclusiva, porque sabemos que debemos operar en las diez dimensiones al mismo tiempo.

Otro asunto es que existen periodos difíciles para el alma por confusión mental o por desequilibrios emocionales. En esta situación, el alma debe entrar en «modo resistencia»; a veces existen periodos donde parece que no aprendemos nada, la desazón lo invade todo y la falta de «Emuná» nos lleva a una sensación de soledad negativa, a una sensación de abandono. Sentimos el exilio y la desconexión como reales. El alma se siente agotada y no quiere seguir (pueden aparecer ideas incluso suicidas en los casos más extremos). El tiempo pasa, pero no le encontramos sentido a nada y parece que todo es una pérdida de tiempo. Entonces tenemos un secreto en la cábala, la «resistencia». La resistencia es la energía que debemos establecer para sostenernos

---

173. Una antigua frase del judaísmo del rabino Azaría ben Azaria: «Sin Torá no hay harina y sin harina no hay Torá» (Pirkei Avot 3.21). Esto quiere decir que, si no existe un sustento material, no podemos solo estudiar la Torá y morir de hambre, pero si solo tenemos el sustento y no estudiamos la Torá, entonces la materia no está al servicio de la espiritualidad. En definitiva, podríamos traducirla así en términos de la cábala: «Sin Keter no hay Maljut y sin Maljut no hay Keter». Y en términos filosóficos podemos decir: «Sin trascendencia no hay verdadera inmanencia y sin inmanencia no hay verdadera trascendencia».

dentro de la existencia porque se nos esfumó el placer del crecimiento. Esto puede suceder de un momento a otro. De esa felicidad del alma podemos pasar a un estado que parece de «desconexión» total. Pero sabemos que no existe la desconexión total y que existen enseñanzas detrás de estas sensaciones. El alma está probando su conexión. Si el alma no encuentra el sentido de lo que sucede, puede entrar en una fase de pérdida de energías. Entonces comienza el periodo de resistencia. La resistencia del alma se produce porque sabemos que las enseñanzas aparecerán en el futuro, pero que no las podemos percibir en tiempo presente. «Lo oculto tiene como destino la revelación», por lo que la energía oculta se revelará de un momento a otro, pero si no se revela, entonces comienza un periodo de espera, una espera activa. Porque debemos seguir estudiando y trabajando a pesar de la desazón que nos causa la sensación de exilio del alma. Pero también sabemos por la sabiduría oculta de la cábala que «el exilio es parte del proceso de redención». Mientras el alma siente que se encuentra «aparentemente desconectada», se están germinando las luces ocultas sin que seamos conscientes de este proceso de germinación. Es decir, existe un proceso de revelación que aún el alma no puede percibir, y entonces el alma se queda en una fase de resistencia.

Justamente es en la fase de resistencia, donde el alma busca y trabaja y no encuentra el sentido, o está perdiendo energías por factores exteriores, es entonces cuando debemos «redoblar la apuesta». Tenemos dos opciones: 1) por falta de Daat caer en el mundo de las Kelipot, o 2) sacar la energía de reserva del nivel de Keter que es la «Emuná».

Cuando aún el «Daat» no se ha revelado y el alma se encuentra en el exilio por falta de consciencia, entonces debemos elevar directamente la Tiferet hacia Keter y realizar una copulación entre el Yo y el Cosmos, de lo contrario, pueden copular transitoriamente la Jojmá con la Biná, y entonces no hay forma de unión de los lados derecho e izquierdo. En ese caso, el Yo interior de la Tiferet debe subir al Yo potencial sin la oscilación lateral, creando una oscilación que es más difícil, pero que es extra-Biná y extra-Jojmá: realizar el salto al vacío en dirección a Keter en forma directa sin pensamiento, solo con las emociones interiores. Es un trabajo impresionante de la confianza «absoluta» en que todo está bien, aunque no lo logremos comprender, es el nivel de la «Emuná». Este nivel posee un nivel de energía más alto que la copulación de Jojmá con Biná del universo de Yetzirá, esta copulación es entre dos universos. Estamos realizando una copulación más elevada, que hace que todo el universo de Yetzirá copule con el universo de Briá. Para este nivel hay que tener una fuerza increíble de entrenamiento dentro de la cábala, pero se puede, es operar con un nivel de «Emuná» tan elevado que la desesperación transitoria del alma por la falta de energías se ve más que compensada por este nivel de copulación. Estamos revelando uno de los secretos más impresionantes del poder interior del alma: la capacidad de resistencia transformada en la decisión de salir del estado de resistencia; aunque no exista el Daat revelado, la Emuná opera sabiendo que existe un Daat oculto que debe ser forzado a salir a la luz. Existe, pues, un nivel del Yo interior invencible a las energías distorsionadas de la realidad circundante. No existe en este nivel la magia negra.

La «Emuná» es la energía que me otorga un movimiento interior que hace que, aunque en ese momento no comprenda, deba esperar activamente a que los secretos se le revelen al alma cuando esta se encuentre preparada. En ese caso, la falta de un «Daat» revelado no implica que no exista un Daat oculto que esté operativo y que, si nos movemos, se terminará revelando. Cuando el alma sienta que ya no tiene energías para seguir, esa será la prueba de que el Daat está oculto. Ahora bien, ¿cuándo se revelará este Daat oculto? Este es un asunto complicado porque en realidad, como no lo sabemos, debemos ponernos a trabajar y a estudiar sobre una marcha indefinida. Sin embargo, si toda alma es un fragmento de Dios en esta realidad, cabe otra pregunta: ¿Cómo es posible que una parte de Dios se olvide de su verdadera identidad divina? La gran creación divina está fundamentada en que cada fragmento sienta su existencia como independiente. La sensación de independencia puede llevar al fragmento a la sensación de una soledad imposible de soportar. El fragmento se quiere morir físicamente porque cree que de ese modo se unirá a la matriz. En cambio, sabemos por la sabiduría oculta de la cábala que el alma puede unirse a la raíz porque es ella misma un fractal de Dios-Ein Sof. Sin embargo, existe algo en la Biná (mente racional) que bloquea el alma y que causa la desazón de vivir en el mundo físico. Ante esta sensación, debemos interrogarnos nuevamente: ¿Vamos a perder el tiempo en la tristeza? Debemos buscar la causa de la tristeza para aprender de ella y así extraer la luz que existe debajo del estado de tristeza. Y entonces la tristeza desaparece porque ya cumplió su función, la de reconectar el alma con la matriz.[174]

---

174. Muchas almas están desconectadas de la matriz divina y, por ese motivo, hay tanta desesperación en las almas, porque pierden dicha conexión. Se me puede preguntar: ¿Qué necesito para realizar una conexión de mi alma con la matriz divina? Necesita trabajar las diez dimensiones: estudie, trabaje, tenga una familia, medite, cuide de su cuerpo, lea, escriba, «esfuércese»…, la conexión se tiene que encontrar utilizando todos los recursos que el alma tiene y que no utilizamos. Si no se entra en la acción, entonces entra la tristeza. La alegría permanente del alma se encuentra en la movilización de todas las energías de las dimensiones a través de la acción (sea esta acción del pensamiento, acción emocional o acción práctica en la realidad material).

Lo que debemos saber es que no siempre la copulación es de Jojmá con Biná, también puede ser de Tiferet con Keter. Ahora bien, cuando copulan Jojmá (conocimiento intuitivo) y la Biná (conocimiento racional) hay una existencia que copula con otra existencia: la existencia de la intuición con la existencia de la razón; en cambio, en el nivel de copulación Keter-Tiferet o Tiferet-Keter, lo que estamos planteando es que es el Yo de la Tiferet el que tiene que copular con el vacío de Keter. El Yo de la Tiferet (Yo interior) copula con Keter (el vacío del Yo potencial). Es decir, ¿cómo copula el Yo con la nada de Keter? De ahí la pregunta: ¿En Keter no hay nada? Por Keter de Yetzirá sabemos que ingresa la luz del universo de Briá y que, por lo tanto, existen luces subiendo y bajando en forma constante. Las luces que iluminan la Jojmá y la Biná también provienen de Keter. El canal entre Keter y Tiferet es el sendero de la fuerza Dalet. ¿No es curioso que la letra Dalet que simboliza el Daat se encuentre en el canal de Keter-Tiferet y no en el canal de Jojmá-Biná? Esto significa que Keter es la percepción positiva del vacío. Esto es lo que debemos lograr cuando la desazón y la tristeza invaden el alma. Es la percepción negativa del vacío la que causa la tristeza, y no es la tristeza la causa de la percepción negativa del vacío. Debemos comprender la función del vacío para comprender que la bajada de energías o la tristeza son el resultado de una existencia que parece abandonada a su suerte.

Debemos ser conscientes de la falta de tiempo para que el alma no caiga en la percepción negativa del vacío (el abismo), tenemos demasiado trabajo y estudio para ser pesimistas. Como dijo Albert Einstein: «El pesimismo es un lujo que un judío no se puede dar». Yo ampliaría el concepto einsteniano a «el pesimismo es un lujo que el alma no se puede dar». Entiéndase el concepto de «lujo» de modo irónico, por supuesto.

Si valoramos el tiempo de que disponemos en esta realidad material espacio-temporal, es porque deseamos aprovechar cada minuto de nuestra vida en aras de cumplir nuestra función y continuar estudiando y aprendiendo para elevarnos en nuestro interior.

5. La Emuná

«El justo vivirá por su confianza».

Habacuc 2.4

Existe una energía mal llamada «fe». Vamos a intentar describir esta energía que nos permite acceder al nivel de éxtasis de Keter. ¿Por qué es importante la energía de la Emuná? Porque esta energía «conoce algo oculto» que no conocemos de forma consciente.

La «Emuná» es un tipo de energía que confía en que lo que hoy ignoro se me revelará mañana, o que lo que ignoro es posible que lo ignore siempre, pero que siempre debo avanzar a pesar de lo que ignoro. Intentaré traducir de qué va esto.

El alma tiene una capacidad de revelar ciertas energías en forma de conocimientos (Daat), sin embargo, no todos los conocimientos se pueden revelar porque existen, como sabemos, «conocimientos ocultos». Estos conocimientos ocultos que el alma aún no ha revelado siempre pueden permanecer ocultos, pero a pesar de su ocultamiento, para la comprensión del alma, no dejan de estar operativos. Las energías ocultas se encuentran ocultas para la comprensión del alma, pero no son ocultas dentro de las realidades ocultas, se esconden por nuestra finitud estructural, pero hay infinitas energías desconocidas que están operativas.

Por lo tanto, la primera conclusión es que no conocemos las energías ocultas porque están ocultas debido a nuestra finitud, pero son energías reveladas más allá de nuestra comprensión. Que nosotros no las podamos comprender por nuestras limitaciones estructurales no quiere decir que no estén operando en estos momentos. En toda esta realidad se mueven energías que están operativas. Aunque no conozca la energía que enfría la nevera, dicha energía desconocida para mí está operativa.

La «Emuná» sabe en lo profundo que todo está revelado dentro del universo (y sabe que dentro del Ein Sof todo está revelado para sí mismo), también sabe que el conocimiento revelado para el alma es finito y muy limitado con relación a la revelación total del universo y del Ein Sof. Por lo tanto, la confianza no está fundamentada en una fe absurda; la «Emuná» confía en que, si mi alma se entrena espiritualmente todos los días, entonces lograré captar las energías desconocidas para mi estructura limitada, pero que se encuentran reveladas para el Ein Sof.

Existen, pues, energías ocultas que aún no conocemos, pero que están operativas, es decir, son energías reveladas en el universo a pesar de nuestras limitaciones. ¿Y qué hacen estas energías operativas ocultas para nosotros? Estas energías tienden a buscar almas para revelarse. Cuando un alma se siente feliz sin causa es por las energías ocultas, que le otorgan dicha felicidad. El alma logra sentir en su interior «ese algo misterioso» que no puede definir; es una energía desconocida, pero que el alma registra en su interior. El problema es que la energía es registrable pero difícilmente comunicable. Entonces me propongo lo que todo escrito de mi autoría se propone siempre, «escribir lo imposible». ¿Cómo comunicar la imposible energía de la Emuná? La Emuná es el entrenamiento que lleva a cabo el alma dentro de las limitaciones más restrictivas de la materia. Es decir, la

«Emuná» (confianza) proviene del nivel de Keter, pero ilumina con toda su fuerza en Maljut. ¿Cómo opera Maljut? Una persona trabaja muchos años para un negocio que fracasa y sigue adelante. ¿Cómo sigue adelante? Por la energía de la Emuná. Una mujer tiene varios abortos y al final logra tener un hijo. ¿Cómo sigue adelante aborto tras aborto hasta tener un hijo? Por el poder de la Emuná. Otra persona es encarcelada, aunque es inocente, pero sigue viviendo a pesar de la injusticia que se cometió contra ella. Otra persona está terminal, sabe que se muere y sigue adelante hasta el último minuto,[175] y así millones de casos y casos de seres humanos que siguen adelante, al parecer de una forma irracional. ¿Por qué seguimos adelante? Porque la gente no se suicida, se abandona o se deprime y deja todo, porque existe una energía oculta que está operativa y se llama «Emuná».

Voy a intentar describir hasta mis máximas posibilidades qué es la «Emuná». Alguien dirá: «Tengo Emuná en Dios», otro dirá: «No creo en Dios, pero tengo Emuná en mí mismo», y así sucesivamente. Dejemos de lado «las creencias teóricas» que nos confunden, porque aquí cuando hablamos de «Emuná» estamos haciendo referencia a una confianza en seguir dentro del mundo de la acción. El pueblo

---

175. Recuerdo que mi madre, Violeta Cuño (Z" L) (1943-2008), durante la noche de Pesaj de abril de 2008 le pidió a mi padre que leyese la Hagadda de Pesaj en su cama del hospital, tenía un cáncer terminal. Su alma tenía «Emuná». Luego he visto a mi padre sobrevivir varios años a la muerte de mi madre con un gran dolor, pero con la idea de que debía seguir viviendo hasta el final. La «Emuná» siempre la he vivido dentro de mi familia como una experiencia de vida sobresaliente. Tener ejemplos de «Emuná» dentro de la familia es una gran ventaja para seguir adelante siempre. Con cada obstáculo, mi alma adquirió siempre más luz. El poder interior que entrega la «Emuná» es indestructible, es la divinidad que anida en nosotros y que, cuando la reconocemos, logramos sentir el éxtasis permanente dentro de la existencia. La «Emuná» es un privilegio que tiene el alma de una conexión de luz directa con el nivel más oculto del Ein Sof.

de Israel es un modelo de «Emuná» porque, a pesar de la trágica historia de persecución, siguió adelante con la confianza de que el futuro sería esperanzador.

La «Emuná» me dice que «todo tiene sentido» a pesar de que, como no conocemos todo, no podemos indagar el sentido de todos los fragmentos de esta realidad. Y como todo tiene sentido, todos los problemas que se me aparecen me enseñan algo que puedo no comprender aún. Si mi alma en los niveles inferiores existe en frecuencias de energía limitadas, entonces a medida que mi vasija se expande, puedo elevar mi nivel de comprensión y lo que eran energías ocultas se me van revelando. Mi desesperación de no comprender el funcionamiento del universo (con el mal incluido) se convierte en «Emuná».

La desesperación total se convierte en confianza absoluta. ¿Cómo es posible que un alma desesperada se convierta de la noche a la mañana en una luz imposible de destruir? ¿Cómo es posible que cuando los nazis gaseaban a mis hermanos judíos durante la Segunda Guerra Mundial muchos ingresaban en las cámaras de gas diciendo «Tengo Emuná»? ¿Qué es esto? Los estaban asesinando y sus almas tenían «Emuná».

La «Emuná» es la que vence a la muerte física. ¿Cómo es posible? Si una persona limitada en esta realidad material espacio-temporal muere, la muerte es real, pero ¿entonces, qué es la Emuná? ¿Es una negación de la realidad? En parte sí, es una negación de la realidad visible, y es una reafirmación de que existe una realidad oculta.

El alma sabe porque lo siente en su interior (no por su mente que lo distorsiona) que existe una energía eterna que se encuentra operando más allá de la muerte física.

La «Emuná» acepta que toda la información que surge de la matriz infinita del Ein Sof es una predeterminación correcta a pesar de que al Yo le disguste o no. Toda la información revelada o la información oculta que existe la debo aceptar e intentar comprender como información que tiene un sentido. «Emuná» es que siempre se puede avanzar más allá de la luz que puedo revelar. La «Emuná» está en Keter, porque tengo confianza que el vacío que estoy sintiendo en el nivel de Keter tiene un sentido. Que todo lo que pasa por dicho vacío es una información que es necesaria para el universo.

Me caigo, «Emuná», me levanto, «Emuná», tengo salud, «Emuná», me ataca una enfermedad, «Emuná», me sale algo bien, «Emuná», me sale algo mal, «Emuná». Entonces, ¿qué es la Emuná que todo lo puede? Es un estado de sensación divina interior de «invencibilidad». Dios-Ein Sof es eterno e infinito y, por lo tanto, el espacio/tiempo no lo puede vencer. En ese nivel, el judaísmo encontró el «ser invencible». Hasta te pueden asesinar y que el asesino crea que es invencible porque te ha asesinado, pero si el asesinado dice «no me importa que me asesinen, Emuná», estamos entonces en otras coordenadas que se le escapan a la mente racional.

La «Emuná» es valentía, heroicidad, resistencia y confianza en un nivel fuera de los límites espacio-temporales. Tener a «Dios» en el interior es tener contacto con la eternidad y el infinito divino, de tal forma que, aunque uno muera físicamente, el mero hecho de revelarse en el campo de la existencia se puede considerar una «Victoria».

Existe una relación «primaria», la «Emuná» y el «Daat», porque la confianza se refuerza con el aumento del «Conocimiento», pero el poder de la «Emuná» es una energía que supera el nivel del Daat. Porque si el Daat es el que conecta todas las fragmentaciones, el nivel de la Emuná es el que nos hace sentir que somos eternos como Dios. Es decir, el estado de confianza «Emuná» es una conexión con la eternidad del Ein Sof, de modo que todo fragmento en esta realidad espacio-temporal puede operar en la gloriosa y heroica percepción de que todo es «bueno».

«Gam Zu Le Tova» («Todo es para el bien») es el fundamento de la Emuná. Lo bueno es bueno, y lo malo es bueno. Todo lo que sucede, por más terrible que sea, incluso la muerte de nuestros seres queridos y nuestra propia muerte, es superado por la «Emuná».

La «Emuná» es nuestra resurrección. Muere el cuerpo y nuestra identidad espacio-temporal, pero en los niveles superiores todo es información y nosotros, un fragmento que hemos revelado «información», y, por lo tanto, en este sentido nunca morimos.

La «Emuná» vence a la muerte. Si vivo, «Emuná» para seguir viviendo; si voy a morir «Emuná» que debo morir; si me atacan «Emuná» que aprendo algo de este ataque; si me envidian, «Emuná»; si el gobierno me confisca de manera ilegitima, «Emuná». El poder de la confianza es que al final todas las cosas terminarán en el lugar que les corresponden. La «Emuná» es la confianza total de que es inevitable que la luz triunfe sobre la oscuridad y que podamos comprender la luz oculta detrás de la oscuridad.

La «Emuná» es la confianza de que, si todo está bien, entonces trabajaremos para estar mejor, y si todo está mal, trabajaremos para estar bien, y si todo sigue mal y está mal, seguiremos trabajando a pesar de que todo esté mal. No hay excusas para no seguir adelante.

Me roban, «Emuná»; me quieren destruir, «Emuná»; me separó de mi pareja, «Emuná»; tengo un problema «Emuná». Es una esperanza que parece no tener racionalidad ninguna, pero es el impulso fundamental que hace que el «Daat» se pueda revelar más tarde o más temprano.

Con la «Emuná» vencemos todos los obstáculos y con la «Emuná» aceptamos todos los obstáculos que no podemos vencer. Si vencemos es por la «Emuná», y si somos derrotados, la heroicidad de haber existido la extraemos a través de la «Emuná».

Entonces podemos ir acercándonos al concepto y a la esencia de lo que es la «Emuná». Estamos ante una fuerza inédita, no es una característica secundaria, es un elemento clave y fundamental del alma. Estamos ante la presencia de «Dios real». Aunque todo racionalmente falle, existe algo más allá de todo lo racional que no falla. Pueden fallar todas las dimensiones menos Keter, y cuando en Keter encontramos la «Emuná» entonces vamos corrigiendo las otras nueve dimensiones. Sabemos que la luz del Ein Sof sigue bajando en todo momento, y, por lo tanto, que existen energías ocultas que se van revelando en todo tiempo y en todo espacio, que lo oculto que no conocemos contiene secretos, las energías que mueven el universo.

Nuestra alma posee entonces algo que la define y que el nihilismo no puede destruir, la «Emuná». Esto es lo que los nazis odiaban de los judíos, pretendían destruir el judaísmo matando a millones en Europa, y mientras entraban en las cámaras de gas, muchos cantaban: «Ein Od Milvado» («No hay nadie más que Él»), es decir, los nazis también son un instrumento que debe hacer lo que debe hacer: «Emuná».

Somos indestructibles porque Dios habita dentro de nosotros, lo mismo decían los mártires del cristianismo que el Imperio Romano crucificaba. Cuando el alma siente a Dios en su corazón, entonces a pesar de que la destruyan existe la energía clave de la «Emuná».

La determinación del alma de continuar revelando las luces ocultas es un deseo que no se puede refrenar de ningún modo, porque detrás de todos los deseos que existen se encuentra el motor de la «Emuná». Esta confianza produce una autoconfianza en el fragmento de luz que Dios nos ha otorgado, porque la luz proviene de que Keter descienda a la dimensión de la Tiferet.

Soy responsable con el fragmento divino que tengo en mi interior, soy responsable de que Dios habite en esta realidad material, y cuál es el poder oculto que ha tenido el judaísmo a lo largo de la historia: la Emuná, y este poder es contagioso, lo hemos contagiado a lo largo de la historia a todas las almas porque todas las almas tienen la luz de Dios en el interior. Por eso la fuerza de la Emuná es universal y no le pertenece a una nación; sin embargo, la nación de Israel está capacitada por siglos y siglos de entrenamiento en lo que es sentir la «Emuná».

En Keter, todo está bien porque existe la «Emuná», te va bien, bien, te va mal, bien: todo está como tiene que estar, y... ¿por qué? Porque existe la energía de la «Emuná». El «Imun» es el entrenamiento. La «Emuná» se fortalece en el proceso de la existencia. Cuando el alma alcanza las coordenadas eternas fuera del espacio y el tiempo, entonces alcanza la invencibilidad del Ein Sof. Si el alma se ata al Ein Sof, entonces nada la puede vencer. Siempre sale victoriosa a pesar de que la estén destruyendo.

Te pondrás nervioso porque las cosas no salen como tu quieres: «Emuná», porque no es como tú quieres, es como las energías del universo determinadas por la matriz quieren. Quizás no tienen aún el suficiente nivel de Daat (Consciencia) para aceptar que lo que es es. La aceptación total pero sin resignación.[176]

---

176. Acepto, pero no me resigno, esto significa que acepto la situación porque es lo que existe, pero al mismo tiempo lucho por cambiar la situación. No sufro por la situación, porque el sufrimiento me resta las energías para poder cambiar la situación. Entonces, si no acepto y sufro, no tengo energías para trabajar hacia delante. Si no sufro, porque acepto la realidad tal cual es, entonces las energías que no están desgastadas en un sufrimiento inútil están trabajando al servicio de seguir avanzando. Siempre avanzar a pesar de todo. Si no acepto la situación tal cual es,

Si tengo que poner límites, los debo poner. «Emuná».

La palabra hebrea «Amen» (Que así sea) es el vocablo que se utiliza para afirmar una realidad. Ratifica y sella una realidad. Esta es la realidad en la que existimos: «Amen» (afirmo que así es), pero al mismo tiempo no estoy de brazos cruzados porque me entreno en esta realidad. El entrenamiento me otorga un aprendizaje constante.

Acepto y no acepto. Acepto por ahora mis limitaciones espacio-temporales: Amen. Pero luego no acepto porque debo entrenarme en superar mis propias limitaciones de percepción, y así aumentar el Daat. Es decir, acepto hasta donde he llegado con las energías que Dios me otorgó, y no acepto porque mi no aceptación también es divina. Y esta energía de la superación o no aceptación es la que me conduce al aumento de mi Daat para realizar mi rectificación. Amen. Avanzo, entonces «Emuná» (tengo confianza en avanzar), retrocedo, entonces «Emuná» (tengo confianza en retroceder). Ni avanzo ni retrocedo, entonces «Emuná» (tengo confianza en el punto donde me encuentro).

Dios, la naturaleza divina o las energías del universo, me otorgan algo: «Emuná» (confío en lo que me otorgaron), y si me quitan algo, «Emuná» (confío en lo que me quitaron). Esto es ser invencible. Ni siento el éxito en el éxito ni siento el fracaso en el fracaso porque todo es aprendizaje. Todo es un entrenamiento, todo es como tiene

---

entonces esto me causa tristeza y dolor, y las energías que necesito para avanzar se desgastan de forma inútil. Para modificar la realidad, lo primero que tengo que hacer es aceptarla, al aceptarla entonces todas mis energías «optimismas» están a mi disposición para continuar mi camino ascendente. Alguna cosa sucede para «obstaculizarme», entonces la fuerza debe conseguir otras estrategias para saltarme el obstáculo. Todas las energías que desgasto de forma inútil paralizan el proyecto de mi existencia y, por lo tanto, el alma no trabaja dentro de su proceso de recitación. La no aceptación de la realidad se paga con un desgaste inútil de energías.

que ser, y al mismo tiempo debo seguir trabajando. Los resultados son los que tienen que ser, las circunstancias espacio-temporales son las que tienen que ser, pero mi alma sigue adelante, porque existe la confianza en que cada minuto de mi existencia terrenal en este tiempo y en este espacio estoy revelando luz. Si mi alma es luz y viene a revelar la luz, entonces tengo confianza siempre. Y tengo confianza en que cuantas más luces mi alma revele, entonces aumentará el éxtasis dentro del universo.

El éxtasis del alma se activa cuando esta última se relaciona con el fundamento de su propia naturaleza: la confianza de que es un fragmento finito de la eternidad divina y que nada ni nadie puede vencerlo a pesar de que pueda ser destruido, porque sabe al fin y al cabo que todas las formas finitas tienen como destino su transformación y su destrucción hacia nuevas formas. La única forma de revelar nuevas luces (las luces que siempre estuvieron ocultas dentro de la eternidad) es por la modificación de las formas fragmentarias finitas.

Es decir que, si toda modificación de una forma es la muerte de aquella forma, entonces estamos muriendo en todo momento a las formas anteriores. Por eso la muerte no es un momento único, estamos muriendo y naciendo en todo momento. En este sentido, el sistema espacio-temporal es de nacimiento-muerte-nacimiento de todas las formas fragmentarias. Todo fragmento, por su propia naturaleza, tiene como final su muerte como forma, ya que por la dinámica espacio-temporal todas las formas fragmentarias desaparecen y se convierten en nuevas formas. Las formas no son eternas, están afectadas por los cambios espacio-temporales de sus límites.

Pero en el nivel de Keter, las almas se relacionan con el poder de la eternidad, donde las formas no afectan al contenido esencial de la divinidad. En ese nivel, las modificaciones de las formas no nos asustan, porque en el nivel de la matriz infinita y eterna no existe ni la muerte ni el nacimiento. Cuando el alma se conecta con este nivel de eternidad, entonces capta la esencia de lo invencible. Aunque todas las formas se modifiquen, la esencia divina eterna es inmodificable, porque todos los cambios espacio-temporales siempre se encontraron encriptados dentro de un matriz eterna. En este sentido es donde nos conectamos con la «Emuná». La confianza total se produce cuando el alma capta este nivel de eternidad del Ein Sof. Si el alma opera en los niveles inferiores de los tres universos inferiores, siempre percibirá cambios en las formas y siempre se quedará atrapada en la percepción de nacimiento/muerte. En un nivel elevado, el alma sabe y siente que es una energía de la eternidad, a pesar de que existe en los niveles subjetivos en el mundo de la fragmentación.

Ahora bien, ¿qué tipo de energía me otorga esta sensación de eternidad en el interior del alma? Es una energía que se desplaza directamente desde Keter por el canal «Dalet» del pilar del medio y llega a la dimensión de la Tiferet. Como esta energía es muy potente, se desplaza pasando por Yesod y Maljut hasta lograr un éxtasis en el campo material. Entonces se modifica la visión de la realidad material. Es como si un tipo de energía no necesitase de la oscilación de lo masculino y lo femenino para revelarse en el interior del alma. La característica de esta energía que proviene de la «eternidad» en forma directa causa una desaparición transitoria de todos los límites en una sensación de aniquilación con la totalidad de las energías del universo. Si no tuviéramos protegida la Tiferet por los mecanismos de la Biná, entonces se podría provocar una hipersensibilidad de la que debemos tener mucho cuidado. Sostener el éxtasis es mucho más difícil que lograrlo. Porque cuando el Yo vuelve a su percepción subjetiva, puede ver tan diferente la realidad (porque el éxtasis dejó de operar) que podríamos caer una profunda tristeza. Por eso la idea del éxtasis plantea una pregunta: ¿Cómo no perder el éxtasis cuando el Yo se vuelve a apoderar de la percepción subjetiva? Quizás esta es la clave para lograr el éxtasis realmente. Cuando la luz eterna del Ein Sof desciende se puede proteger en el interior de todas las dimensiones inferiores.

Muchas veces lo que debemos hacer es recordar el aroma del perfume que nos ha dejado esta energía eterna. En hebreo es el «Reshimo», lo que el Ein Sof dejó dentro de este universo como su impronta, su aroma, su influencia indirecta, y esto es lo que debemos captar. El éxtasis alcanzado por el alma debe ser recordado para guardarlo y sostenerlo en los momentos donde la subjetividad se apodere del Yo, de modo que esta sensación no pueda alcanzar la desconexión de la matriz. Entonces se producen dos efectos que pueden ser contrarios: 1) la ilusión de independencia del Yo que aparece por la protección de la Biná a la Tiferet y que, si es demasiado fuerte, puede provocar una desconexión del Yo del resto del sistema, y 2) un sostén de la impronta de la energía eterna proveniente del Ein Sof directamente de Keter hacia la Tiferet. En ese momento, la Tiferet tiene tres condicionantes: 1) la luz de la Biná que la protege con la idea de la subjetividad, 2) la luz de Keter que le envía la información de la eternidad, y 3) la luz de la Jojmá donde puede alcanzar la identidad de la Neshamá que sigue siendo subjetiva, pero que, al mismo tiempo, es cosmogónica. La Neshamá es la que sostiene un equilibrio entre la luz que recibe del Ein Sof y la luz de la subjetividad de la Biná.

Ahora bien, ¿de quién es la función de sostener la Reshimo del Ein Sof dentro de Tiferet? Justamente de la dimensión que sostiene la subjetividad: la Biná. El Entendimiento debe llegar a un equilibrio donde la Tiferet controle cuándo bajar hacia los niveles inferiores y cómo extraer la luz proveniente de Keter. La Biná debe cuidar la subjetividad del Yo, pero al mismo tiempo «organizar» y «sostener» la luz proveniente del Ein Sof. Para organizar de modo eficiente la luz que cae de Keter a Tiferet, la Biná necesita la colaboración y copulación de la Jojmá, porque la Neshamá ya está entrenada en existir dentro de la sensación de subjetividad y la sensación de eternidad. La sensación de subjetividad de la Biná proviene del nivel de Ruaj, y la sensación cosmogónica en dirección a la eternidad proviene de la Jaiá; por lo tanto, el nivel de Neshamá del alma es donde confluye el equilibrio entre ambas sensaciones. Si tengo demasiada influencia del Ruaj que opera desde la Biná en el sistema espacio-temporal, no podré experimentar la eternidad. Necesito de la Neshamá que, si bien tiene consciencia subjetiva dentro del universo de Briá, tiene al mismo tiempo una gran consciencia cosmogónica. De todos modos, el éxtasis alcanzado por el alma que proviene de su nivel de Iejidá debe sostenerse hasta el nivel del Nefesh, y la función de ese sostén es de la dimensión de Biná.

Los mecanismos de la Biná para controlar la subjetividad y al mismo tiempo sostener la sensación de eternidad nos tienen que maravillar. Es decir, tenemos en la mente racional un componente divino que Dios nos ha entregado que es increíble porque trabaja simultáneamente en diversos planos. Las posibilidades de operatividad de la Biná son muy asombrosas. Si a este nivel de organización mental le agregamos la luz que se expande a través de la Jojmá, entonces podemos decir que vivimos dentro del alma en todos los «tiempos» de forma simultánea.

Si la Biná no se endurece y logra cierta flexibilidad, entonces podemos tener paz interior en el Yo y, al mismo tiempo, sentir la eternidad de forma simultánea. Lograr este nivel no es fácil, la tentación es caer en los extremos sin intención:[177] por una parte, la desesperación del Yo en sostenerse en su identidad subjetiva tira al alma hacia el problema de la fragmentación, y el deseo de luz del alma para aniquilarse tira al alma hacia el problema de una unidad sin existencia subjetiva. La Biná debe lograr que el Yo interior logre comprender que existe en el nivel de la existencia subjetiva y que no existe en el nivel de la existencia superior. Y que además estas dos fuerzas de percepción operan al unísono. Es entonces donde se produce el éxtasis, porque el nivel del Oneg (placer superior) de Keter desciende al nivel de Maljut. Si el pilar del medio Keter-Maljut entra en éxtasis, todas las dimensiones ingresan en esta vibración.

«La intención marca la dirección» se dice entre los antiguos místicos del judaísmo. La intención como «Kavaná», como profunda intención interior. Si existe esta «intención interior» es porque ya hemos trabajado de forma intensa la dimensión de la Tiferet. Existe, pues, un deseo siempre insatisfecho, y esta insatisfacción es la que provoca el éxtasis de la búsqueda infinita. El éxtasis se encuentra dentro del proceso de la búsqueda infinita. Esta sensación no se puede encontrar en el logro de un resultado en el campo de la fragmentación, porque la alegría de la obtención del resultado nos lleva inmediatamente a la «desesperación» de otro resultado, y así sucesivamente, y... ¿qué sucede en el resultado número 80? Que el impacto va disminuyendo hasta tal punto que la curva de la felicidad a través de estos resultados comienza a caer. Porque el interrogante

---

177. La caída en los extremos se produce porque deseamos encontrar seguridad en dichos extremos. Los extremistas son altamente débiles a nivel emocional y necesitan una Biná que los proteja de modo que se endurezca y no se flexibilice. Toda flexibilidad de la Biná implica, para el fanático, una debilidad emocional interior.

es: ¿A dónde llega el alma con los resultados exteriores si no existe un éxtasis interior? Por eso, el éxtasis esencial debemos separarlo de las felicidades tangenciales.

Si los resultados exteriores de la superficie me afectan, entonces es que aún no he alcanzado el nivel del éxtasis del que estamos hablando. Hay momentos dolorosos en la existencia de las almas en esta realidad material, entonces aparece la energía de lo «alto», y existe siempre la oportunidad potencial de aprender y seguir adelante, y cuando vivimos momentos de alegría, debemos reforzar la energía de lo alto. En realidad, el alma, tanto por los momentos dolorosos como por los momentos alegres, debe reforzar esta energía divina. Seguimos vivos para seguir revelando la luz. Puede que sigamos vivos pero enfermos, no importa, pues en cada minuto podemos revelar una luz; quizás ya envejecimos y no tenemos las energías suficientes que teníamos en la edad juvenil, no importa, seguimos vivos y revelamos luz; quizás nos separamos de las parejas; quizás mi hijo no me quiere hablar porque vete a saber que rectificación del alma tiene que realizar él, pero no importa, seguimos vivos y revelamos luz; quizás un amigo me abandonó, otro amigo falleció y quedó en el recuerdo; quizás estás viudo y añoras a tu alma gemela; quizás pierdas el trabajo, quizás te quedes solo, o se muera tu perro tan cariñoso, pero qué importa: sigues vivo y sigues revelando luz. Por supuesto que tendrás dolor en los momentos dolorosos y por supuesto que tendrás alegría en los momentos felices, pero detrás opera la energía divina que dice «no importa, debo seguir adelante revelando la luz».

Cuando todos los obstáculos de la existencia material se me presentan, «no importa» seguimos revelando luz.

El poder de la «Emuná» es el que revela y da luz al «héroe». Cada alma es «heroica», porque sigue y sigue, y aparece el «Satán» y el alma sigue, y se desafía con él, y crece y aprende, y sigue, entonces aparece «Amalek» y quiere destruirte, y quizás lo logra pero la «confianza interior» sigue intacta, no puede destruir el alma, y entonces seguimos adelante, y entonces aparece el envidioso, el que te tiene celos, aparece una enfermedad, aparece el mal inesperado, y entonces el alma saca la espada de la «Emuná», y sigue y sigue, y entonces el alma se transforma en el héroe, porque el «héroe es héroe» porque tiene en su interior la llama de la eternidad del Reino de Dios.

No hay poder exterior que pueda con la «Emuná»,[178] porque en realidad es el conjunto de todas las energías que se unen en mi interior. La zona oscura no puede hacer nada, porque cuando aparece la luz del nivel de Keter (la Emuná), toda la oscuridad se convierte en lo que es: luz oscura. Cuando ya toda mi oscuridad se transforma en luz, entonces pueden comenzar los ataques del exterior, pero tampoco pueden hacer nada porque la «Emuná» se transforma en mi escudo, en mi esencia invencible. Estando atadas las almas a la eternidad divina, entonces nada ni nadie, ninguna circunstancia espacio-temporal puede afectarme en nada. El alma sigue y sigue,

---

178. Recuerdo a un amigo en Barcelona que conocí cuando él tenía 88 años. Era un hombre judío alemán que había «ocultado» su judaísmo durante los años de la persecución nazi y había sobrevivido. Había nacido en 1921. Fuimos grandes amigos. Me reunía con él en los bares cercanos a la plaza del barrio barcelonés de Sarriá. Leía y estudiaba todos los días, había sido un gran empresario. A los 88 años estaba muy lúcido. Vivió la muerte de una de sus hijas. A los 92 años ya comenzó a perder la visión y entonces me pedía que le leyera. Me dijo, lo recuerdo bien: «Mario, en pocos años me han dicho que perderé el oído». A los 94-95 años perdió toda forma de comunicación con el exterior. Murió con casi 96-97 años. Nunca encontré un hombre con tal nivel de «Emuná». Fue un hombre que era el paradigma de la confianza de seguir ante cualquier circunstancia de la vida. Siempre me impresionó su carácter.

y no hay nada que la paralice. El cuerpo naturalmente se desgasta, pero el alma se siente fuerte. ¿Y de dónde siente esta fuerza que parece irracional? La siente porque el alma se conecta con la esencia de la luz que desciende desde lo más alto de los universos, desde la misma matriz.

Ahora bien, ¿le puede faltar la «Emuná» al alma? Porque si existen personas que se suicidan o que se quieren morir, pero siguen vivas porque no adoptan la decisión del suicidio, entonces esta no sería la prueba de que existen almas que no conocen la energía de la «Emuná». El suicidio se produce cuando un alma cae en el vacío del «Abismo» y no puede acceder a Keter, entonces puede quedar engullida allí. No es que no exista la energía de la Emuná, es que la persona no puede modificar la percepción mental de la Biná porque declara el vacío como un «absurdo», es decir, la mente distorsionada llega a la conclusión de que esta existencia no tiene sentido, que es un «absurdo». ¿Cuál es el motivo por el que el alma llega a esta conclusión? Porque la mente (Biná) no copula con la Jojmá y la existencia queda reducida al campo de la materia. Si la mente solo puede percibir el comer, el beber, el trabajar y el estudiar sin un «sentido trascendente», entonces esta existencia se transforma en una existencia vacía. Pero lo peor no es el vacío que sabemos que tiene el alma en su interior, es la percepción negativa del vacío a través de una deducción mental distorsionada porque la Biná reduce la realidad a las siete dimensiones inferiores del alma.

Cuando la mente percibe el «Abismo», entonces la fuerza de la motivación va disminuyendo a tal punto que el alma no sabe los motivos por los cuales ha encarnado. Entonces, al no acceder a Keter, no se conoce la luz de la «Emuná». No existe confianza si el abismo (Tehom) destruye todas las posibilidades de «sentido». Si no se revela en el alma el sentido por el cual está encarnada, entonces la mente desesperada toma la decisión del suicidio.[179] Entonces debemos trabajar con muchísima fuerza explicándole a la mente (Biná) la labor de cambio de percepción que tiene que realizar. Si la mente racional se enreda en no encontrar el sentido de todo el universo y de su alma, entonces la desesperación irá en aumento, una desesperación que la mente resolverá con la idea del suicidio. En ese caso, nuestro trabajo es que, a través del entrenamiento dentro de los métodos de la espiritualidad judía, las almas encuentren el sentido de toda la creación, que encuentren su propio sentido y que se conecten con la energía proveniente del Ein Sof a través del vacío de Keter.

Lo que el alma debe lograr es transformar la percepción del vacío como «Abismo» (Tehom) en una percepción del vacío como Corona (Keter). Esto se puede lograr si le informamos a la mente racional (Biná) de que existe una solución[180] a su desesperación. La mente, cuando entra en estos bucles, está agotada de perder energías sin sentido.

La única estrategia que tiene el alma para salir del bucle mental es saber que se sale. Es decir, tenemos pruebas de muchos alumnos y estudiantes en todo el planeta, con los cuales, por sus propias biografías, se puede verificar que se sale.

Es verdad que también existen suicidas que no consiguieron salir de estos enredos mentales, pero quizás porque no tuvieron la opor-

179. El suicida no encuentra en esta existencia un valor por el cual vivir. Si comprendiese que solo su alma tiene una función especial de revelar una luz especial, entonces estaría trabajando en ese sentido.
180. ¿Cuál es la solución a la desesperación? Que el alma pueda alcanzar la paz interior y seguir creciendo. El estado de desesperación hace que se pierdan todas nuestras energías de forma inútil.

tunidad de conocer esta antigua sabiduría del judaísmo. Así que sabemos que se puede salir de los «bucles mentales» de la Biná. Saber esto es importante porque le da a cada alma cierta garantía de éxito en la operación espiritual en la que estemos embarcados.

Toda la existencia física es una serie de operaciones espirituales constantes en nuestro interior. La clave se encuentra en comenzar por alguna parte. Se puede comenzar el trabajo para la revelación de la Emuná por cualquier dimensión. Por Keter es difícil porque es la más alta y la más abstracta. El alma tiene que revelar en las cuatro dimensiones inferiores[181] cuál es su pasión.

Porque en general detrás de la pasión se encuentra oculta la misión.[182] Lo que sucede muchas veces es que la mente racional juzga la pasión del alma como un *hobby* y lo deja de lado de forma marginal, o la mente boicotea la pasión del alma con argumentos como «no podrás vivir de ello», «nadie te pagará por esa tontería». Es decir, la mente descalifica nuestros *hobbies* o pasiones. Esto es sumamente peligroso. Hay que frenar a la mente de meternos en estos laberintos. Luego, la presión social: «¿A qué te dedicarás hijo?», y entonces allí comienzan las miradas familiares y sociales de crítica. La pasión de

181. Netzaj, Hod, Yesod y Maljut son las cuatro dimensiones donde el alma se revela al exterior. Toda la misión del alma encarnada se tiene que revelar materialmente en estas cuatro dimensiones. Hay que realizar el esfuerzo de bajar los contenidos interiores de la misión del alma a los niveles inferiores. Si esto no se hace, la dimensión interior de la Tiferet se puede inflar y desequilibrar si no se desagota la energía del yo interior en su proceso de revelación. Además, la luz del alma no se encuentra en el interior exclusivamente para ser acumulada, sino para revelarla al exterior. El mismo Ein Sof creó el universo para su propia revelación.
182. ¿Qué sucede cuando la misión no se encuentra a través de una pasión definida? Muchas veces, la misión del alma en esta existencia se encuentra cuando intenta «corregir» los desequilibrios; muchos desequilibrios se convierten en oportunidades para que el alma en su proceso de autocorrección logre encontrar su misión.

un sujeto para revelar lo que tiene que revelar tiene, como se puede ver, muchos obstáculos. Claro, luego de que la mente lo bloqueó y la presión social lo boicoteó entonces se suicida y la gente se pregunta las razones. Y están los jóvenes que perciben el vacío existencial y también se pueden suicidar porque no se les entrenó en encontrar rápidamente el sentido de sus vidas.

Hay que activar el entusiasmo por la vida y estimular la pasión interior y que el alma pueda comprender las razones por las cuales encarnó en este plano material. Este es el trabajo fundamental que debemos llevar a cabo todos. Cada uno desde su lugar, debemos entrenarnos en «entusiasmarnos», pero este entusiasmo es un nivel mucho más elevado que la motivación,[183] es el nivel del Keter, el de una comprensión profunda por la cual sabemos que el vacío es positivo y que nos relacionamos con el deseo infinito de todo lo que podemos llevar a cabo en esta realidad espacio-material.

Tenemos una gran oportunidad en esta generación, somos probablemente la primera generación con más «tiempo físico» disponible por los avances médicos, pero al mismo tiempo la generación que más sufrirá el vacío existencial porque, al tener más tiempo disponible, no sabremos que hacer con él.

Por eso tenemos un desafío muy importante: encontrar el nivel de Keter. Debemos entrenarnos en la búsqueda de esta luz de orden superior que no se puede percibir en los niveles inferiores si uno no se encuentra entrenado para revelarla.[184] Es decir, en los niveles

---

183. Estamos haciendo referencia a nuestra responsabilidad con nuestra propia percepción. Es decir, nosotros con nuestra actitud ponemos en funcionamiento la felicidad del interior, por lo que la felicidad es un constante trabajo de unificación de las dimensiones y de modificaciones en la percepción mental.

184. Debemos ahorrar muchas energías para llevar a cabo este trabajo espiritual. No se

materiales inferiores no se puede percibir porque no estamos acostumbrados a operar en los niveles invisibles de la realidad. Estamos convencidos, por nuestras limitaciones mentales, en una aceptación reduccionista de la materia como única realidad.

El materialismo en el siglo XX triunfó, pero en el siglo XXI se está desintegrando. Una visión materialista de la realidad es hoy imposible porque ya hemos sentido que la materia por acumulación no nos otorga respuestas a largo plazo.

Los avances materiales y tecnológicos nos han brindado el confort de las respuestas a corto plazo, pero esta realidad material debe ser instrumental. Es decir, si comprendemos que todos los elementos materiales son instrumentos al servicio de la espiritualidad, entonces podremos ir revelando las luces ocultas detrás de la materia.

La «Emuná» es la luz que se encuentra en el grado de elevación máxima del nivel de Daat; estamos haciendo referencia a una confianza derivada de un nivel de comprensión muy elevado. Es decir, el aumento del Daat nos conduce a la «Emuná». Sin embargo, ¿podemos sentir la Emuná sin el Daat?[185] Cuando hacemos referencia al Daat, estamos diciendo que el alma recuerda la información que tiene en su interior en el nivel de Neshamá. Los niveles inferiores del alma (Nefesh y Ruaj) no pueden acceder a estos niveles del Daat porque operan en universos inferiores con autocontracciones muy densas (Asiá y el universo de Yetzirá).

Si lo que transforma un vacío abismal en una «Corona» es la

---

deben «malgastar» las energías en campos que no se dirigen hacia el sentido de nuestra alma.

185. La «Emuná» se fortalece cuando el Daat ha unido con mucha fuerza todas las dimensiones en una unidad. Cuando el alma se siente unificada en su interior, adquiere más potencia que si existe en un estado de fragmentación.

percepción, entonces debemos comprender que nuestra percepción está distorsionada. Desde el punto de vista de la cábala, al encarnar en el plano material nuestra tendencia puede ser la de distorsionar la realidad con una visión puramente material. La «Emuná» es lo totalmente intangible, pero al mismo tiempo es lo más tangible. El asunto es cómo ingresar al vacío con el deseo de extraer de allí la mayor cantidad de información.

La desesperación del alma es cuando no sabe cómo extraer esta información y siente el vacío como vacío. Entonces el alma siente que vive una vida estrictamente biológica, reducida al plano material. Estancada el alma en una percepción negativa del vacío por parte de la mente, la existencia se convierte en un calvario, en una especie de laberinto sin salida.

En el nivel de Keter, los vacíos se expanden cada vez más, y el deseo aumenta. La Emuná es la energía que impulsa al alma a que pueda seguir a pesar de que mi Yo haya quedado detrás de mi alma; la energía de mi alma se puede elevar más allá de toda identidad y camina hacia la luz y sabe que ya tiene la fuerza de retornar. Esta energía del retorno hace que el nivel de Keter no sea un nivel de temor, el alma tiene confianza total en que toda la luz tiene sentido, que todo el proceso infinito tiene una dirección y que su función especial en su subjetividad también tiene un sentido. En la existencia física, el alma tiene que acostumbrarse a un entrenamiento de marchas y contramarchas. El alma marcha hacia delante y se retira para volver a marchar. El alma no puede dejar este camino porque dentro del sendero que está abriendo está revelando las luces ocultas que se esconden dentro de la realidad.

En cierto modo, la «Corona» nunca se alcanza, la «Corona» más alta la tiene el Ein Sof, que es el que creó el primer vacío en su interior, así que no tenemos el privilegio de tener esta «Corona» pero tampoco es el objetivo, porque en realidad Keter marca la dirección de todo el proceso. Entonces, cada vez que nos elevamos a la luz con este nivel de confianza, vamos accediendo a información que no teníamos antes, nos unimos a un tipo de Daat casi ilimitado, es el primer Daat manifestado del Universo de Atzilut, el Daat del Tikun Olam,[186] donde sabemos cómo distribuir adecuadamente las energías.

Otro tipo de desesperación mental es: si el Ein Sof es infinito y nunca podremos llegar a revelar la información infinita, entonces ¿qué sentido tiene revelar si no podremos lograr la revelación final? Esta es una de las más grandes trampas de la mente. Cuidado con la palabra «final». El final existe en los niveles fragmentarios espacio-temporales de los universos inferiores, en relación con el Ein Sof no existe ni principio ni final. Cuando la mente propone un «final», no comprende la naturaleza de la dimensión de Keter. En Keter no existe final ni principio, profundidad de principio y profundidad de final. ¿Qué tipo de profundidad? Profundidad infinita. Cuando alguien dice «el final de los tiempos», puede hacer referencia a la revelación del control del tiempo tal como lo conocemos, pero no el final del tiempo revelado en los universos inferiores, que seguirá operativo tal como opera hasta hoy. Lo que se revelará en un futuro es el tiempo (sabemos que opera de modo diferente en los niveles sutiles superiores) y, por lo tanto, será operado desde otra realidad aún invisible para nosotros.

No existe revelación final, porque la revelación es infinita ya que está relacionada con el Ein Sof. Si la mente dice «estoy desesperada porque no existe una revelación final», es porque la mente está ancla-

---

186. Todo el Daat se manifiesta para la rectificación permanente del universo.

da pensando dentro de las coordenadas espacio-temporales. La mente solo comprende los conceptos espacio-temporales con principio y con final, no está acostumbrada a los procesos relacionados con la eternidad, donde estos no finalizan nunca porque estos procesos en el interior del Ein Sof nunca comenzaron. Toda la realidad vibracional dentro del Ein Sof no tiene una compresión espacio-temporal y, por lo tanto, no se mueve en términos de resultados, sino en términos de «procesos infinitos». Aunque parece que el universo se mueve dentro del espacio-tiempo, sus vibraciones interiores pertenecen a la comprensión de procesos eternos.

Cuando uno se relaciona con el Ein Sof, no puede pensar en términos espacio-temporales, sino en términos de «eternidad».

En la «eternidad» no existe final ni principio, por lo que todo se convierte en «eterno» y nuestro trabajo es eterno. Entrenar nuestra mente en los procesos eternos es realmente un desafío porque nuestra mente acostumbrada a las variables espacio-temporales se ajusta de forma permanente a los resultados tangibles que tienen un final cerrado. Cuando nuestra mente racional (Biná) busca un resultado, encaja su concepto de éxito y felicidad sobre el resultado obtenido. El deseo de la Biná está limitado al orden espacio-temporal, por lo tanto, el alma a través de la dimensión de la sabiduría (Jojmá) nos transfiere a otro orden. El orden superior se podría calificar como «eterno».

Debemos reformular nuestra mente racional (Biná) a comprender de otro modo la realidad porque está demasiado acostumbrada al sistema espacio-temporal de los niveles inferiores de nuestro universo. Entonces, la mente nos lleva siempre a los «resultados tangibles exteriores», mientras que el alma desea un resultado interior que es un cambio de percepción de la eternidad. Ahora bien,

¿los resultados exteriores de la mente son negativos? En absoluto. Los resultados exteriores, si están atados al sistema eterno, son realmente sublimes y potentes. Cuando la gloria de la eternidad ingresa en los acontecimientos históricos del sistema espacio-temporal, se puede manifestar en esta realidad material la sensación de «Dios». Entonces, el éxtasis de arriba se une al éxtasis que se puede provocar abajo. El problema es si la Biná encuentra la sola satisfacción en los resultados espacio-temporales sin conexión con el nivel de la eternidad, entonces allí el alma se desespera, pero cuando la Biná logra materializar la divinidad eterna de los niveles superiores, entonces se produce un orgasmo cósmico que no tiene relación con el orgasmo físico porque entramos en la fase erótica de todas las oscilaciones simultáneas del sistema. La energía del «Eros» entonces se une y transforma la «Psique». La «Emuná» es un nivel Eros más elevado que el concepto habitual del Eros. Encontrar a Dios en la realidad material (la Shejiná) es revelar el erotismo de todos los fragmentos. Este es el nivel de transcendencia más alto porque está unido a la inmanencia total.

Para tener un acceso al nivel de «Keter» debemos operar con una percepción de eternidad. Cuando cambiamos la percepción espacio-temporal a la de la «eternidad», entonces podemos comenzar a percibir la confianza en el sistema, porque ahora comprendemos realmente el sistema de oscilación entre lo «eterno» y lo «espacio-temporal». Ahora sí nos ponemos en dirección hacia la «eternidad». Debemos, pues, encontrar la eternidad dentro de la realidad finita espacio-temporal. Cuando logramos la consciencia (Daat) de eternidad, es cuando alcanzamos a percibir lo que sucedió en la primera explosión que dio lugar al universo (Tzimtzum), porque el fundamento de este proceso es el descenso de la eternidad al tiempo y al espacio.

Para que se estructurase lo finito, las energías debían descender al mundo de las formas espacio-temporales. Sin embargo, en forma oculta existen, en el interior de nuestra realidad espacio-temporal, las posibilidades del alma de captar la eternidad del Ein Sof, a pesar de los cambios de las formas.

6. La Vida eterna

«Entonces dijo Dios: He aquí, el hombre ha venido a ser
como uno de nosotros conociendo el bien y el mal; cuidado ahora
no vaya a extender su mano y tomar del Árbol de la Vida,
y coma y viva para siempre».

Génesis 3.22

Entramos ahora en el centro de toda la cuestión que estamos tratando, la percepción de la eternidad. El Árbol de la Vida con el que trabaja la cábala se denomina «El Árbol de la Vida eterna». Por lo tanto, quien se aferra a este árbol alcanza la eternidad. ¿Qué sentido tiene alcanzar esta eternidad imposible en el campo de la materia?

Todos sabemos que más tarde o más temprano moriremos. Es decir, cambiaremos de estado, pasaremos de un alma encarnada en los universos inferiores de Asiá y Yetzirá al universo de Briá. El alma en el nivel de la Neshamá absorberá entonces toda la información de los niveles inferiores del Nefesh y el Ruaj.

Mucha gente teme la muerte porque es el final de su subjetividad, y es real ese final. El sujeto «Mario Saban» desaparecerá porque la Neshamá tiene una identidad en el nivel del universo de Briá y se encarnó en este cuerpo y en esta mente.

Ahora bien, ¿cuál sería mi epitafio en mi tumba?: «Vivió la eternidad». ¿Cómo se puede vivir la eternidad si el vivir es espacio-temporal? Uno vive aquí, en este espacio y en este tiempo, pero en el nivel más oculto, esto no es real.

El alma, en los niveles superiores, existe en frecuencias vibracionales que alcanzan a modificar el tiempo y el espacio. Cuando el alma está realizando en soledad su trabajo interior, se conecta con un tipo de energías que no son espacio-temporales en los niveles más densos, sino en niveles más sutiles.

Estamos diciendo que existen sensaciones que modifican la percepción del factor «tiempo». A nivel corporal, los años siguen transcurriendo dentro de la densidad del universo material de Asiá. Pero en los niveles de abstracción de las dimensiones superiores, comienza a modificarse la percepción. Si pensamos en términos estrictamente materiales, vamos hacia la «muerte». De esto no hay dudas, solo podemos pasear por los cementerios o los hospitales para ver la muerte cerca. Este es el final material. Y a pesar de que desde la sabiduría oculta conocemos que el alma, en el nivel de la Neshamá, continúa su existencia del otro lado de la materia, no se pierde cierta subjetividad especial. Es la identidad subjetiva de la Neshamá.

El alma en los niveles superiores siente una seducción. ¿Qué es lo que seduce al alma en los niveles superiores? Al salir de su subjetividad y alcanzar una función trascendente, el alma siente una heroicidad a prueba de todos los males que le puedan ocurrir. Por eso, el poder humano espacio-temporal puede ejercer la muerte física, pero la energía directa de Dios ejerce un dominio sobre la realidad espacio-temporal porque opera en la eternidad. La eternidad de la luz espera eternamente y todos los fragmentos finitos que existimos en la secuencia espacio-temporal terminan en un poder diluido, es decir, sin poder alguno. Los grandes gobiernos, los ejércitos, los países, todo el poder humano no puede destruir la eternidad de esta energía.

La infinitud absorbe todo lo finito y la eternidad de la consciencia absorbe todos los supuestos poderes espacio-temporales. La victoria de la eternidad se fundamenta en que es justamente eterna, y la derrota de los fragmentos espacio-temporales es que el tiempo los liquida a todos. Es decir, el supuesto poder de cualquier mortal se autodestruye porque existe en el tiempo y el espacio.

El tiempo y el espacio destrozan toda la soberbia humana, todo el mal, todas las destrucciones, todos los poderes construidos por los hombres o por otros seres fuera de nuestro planeta: todo el universo en su dinamismo cambia de formas, la muerte continúa, engulle todo, y esta es la victoria de la energía eterna.

La energía eterna existió, existe y existirá eternamente. Por lo tanto, todos los que se «creen» con el poder deben tener la humildad de percibir que ninguna forma finita espacio-temporal puede destruir la eternidad ni el Ein Sof.

Todo es tangencial en el campo espacio-temporal, solo la «Vida eterna» es real, es una eternidad que no es subjetiva, pero que el alma siente en los niveles superiores. El alma siente que pertenece a un tipo de vibración eterna, es como si en el vacío más profundo del alma apareciese un nivel de comprensión que nos vincula directamente con la energía divina de la eternidad. Lo eterno es invencible, y por ese motivo la «Emuná» nos transforma en invencibles porque nos conecta con esa sensación de eternidad. Por eso nosotros podemos alcanzar el Árbol de la Vida eterna. En este sentido, somos «indestructibles», porque al alcanzar la consciencia de la debilidad material de nuestro cuerpo, ascendemos dentro del alma a los niveles superiores y podemos percibir esta «eternidad» como real. No es que se paralice el tiempo, el tiempo sigue transcurriendo, pero nuestra percepción se modifica porque nos elevamos más allá de las fronteras de nuestra subjetividad.

Cuando estamos operando con el tema de la «eternidad», ya hemos destruido las limitaciones espacio-temporales en nuestro pensamiento. Si en una obra anterior estudié el Ein Sof, en esta investigación estoy planteando que la eternidad es una sensación que se puede alcanzar dentro de nuestra vida temporal. Que las formas espacio-temporales coexisten en su interior con unas vibraciones eternas provenientes directamente del Ein Sof. La potencia eterna oculta que se encuentra detrás de todas las energías espacio-temporales es la que se revela cuando meditamos y conectamos nuestra alma con todo el sistema; cuando el alma abandona sus niveles de subjetividad e ingresa en el erotismo de la eternidad. La trascendencia ya no opera sola en el Ein Sof, cada fragmento de esta realidad finita espacio-temporal, toda esta inmanencia, entonces se eleva, de tal modo, que la última oscilación opera entre la trascendencia (Keter) y la inmanencia (Maljut), destruyendo los últimos vestigios de lo femenino como femenino y de lo masculino como masculino; también traspasa la frontera de que existe femenino en lo masculino y masculino dentro de lo femenino, entonces la conexión se rompe y anula todas las dualidades, de modo que en un nivel lo femenino y lo masculino desaparecen porque todo es «uno», así el alma puede ingresar en el nivel de Galgaltá[187] de Dios (el cerebro de Dios), la matriz última donde solo quedan pensamientos que no son pensamientos, y donde todo abarca tal nivel de totalidad que los conceptos finitos no logran describir lo que sucede en el no-allí y en el no-aquí, porque no hay allí ni hay aquí, donde no hay muerte ni

---

187. Galgaltá es la dimensión más elevada dentro del universo del Adam Kadmón (se la considera como Keter del Adam Kadmón) donde las vibraciones infinitas masculinas y las vibraciones infinitas femeninas se encuentran vibrando al unísono sin chocar, es el continuo vibracional.

vida, ni existe el Yo temeroso ni el Dios infantil, ni hay nada ni hay todo, entonces y solo entonces, logramos la «Vida eterna», que no es vida porque solo es eterna, y que es eterna más allá de la eternidad porque es eterna en la oscilación constante entre la eternidad y los niveles espacio-temporales. Logramos la «Vida eterna» de la verdad impronunciable. Aquí dejan de operar las palabras. A partir de aquí, todo lo que vamos a escribir quedará dando trompos inútiles. Cuando se alcanza este nivel que significa que no se alcanzó nada, entonces el silencio, pero un silencio que opera en la oscilación entre el silencio y el sonido, el Jashmal,[188] la electricidad del silencio que revela.

La excitación espiritual tiene una gran relación con la excitación sexual que sentimos. ¿Por qué? Porque a través de la excitación sexual sentimos que vencemos a la muerte, porque la biología está diseñada para que podamos sentir la excitación de continuar con nuestra especie. En cada orgasmo, el cuerpo siente que «trasciende» materialmente a través de la posibilidad de la reproducción. Cada relación sexual es excitante, cada nacimiento es excitante, cada relación de amor es excitante, porque en cada uno de estos actos «trascendentes» la biología del universo de Asiá nos informa de que estamos venciendo a la muerte. Es verdad que nosotros moriremos, pero que nuestra especie no muera es una forma de eternidad. Lo mismo sucede con la identidad de las naciones, la emoción de que nuestros descendientes continúen con nuestra identidad es una forma de eternidad. Deseamos que nuestras identidades fragmentarias sean eternas.

Deseamos vencer a la muerte de cualquier modo. Al escribir un

---

188. Es el rayo relampagueante que perfora todas las autocontracciones de la Divinidad y que vuelve a regresar a su matriz. Esta energía opera de forma permanente en todos los niveles de la realidad.

libro que alguien leerá, tras nuestra muerte, estamos intentando «trascender», pero todas estas son formas materiales espacio-temporales de vencer a la muerte de forma imaginaria porque nuestra muerte sigue allí. Sin embargo, los místicos sí han encontrado la fórmula de vencer a la muerte, y es elevarse en donde reina la eternidad y hacer descender la percepción de la eternidad hacia el nivel espacio-temporal.

Si somos conscientes de nuestra esencia cosmogónica, si comprendemos que nuestra subjetividad es una sensación dentro del universo inferior de la fragmentación, entonces podemos ir acercándonos a la «Vida eterna». Toda vida física no es eterna, esta es una evidencia objetiva en el plano material, pero las vibraciones provenientes de la matriz del Ein Sof son eternas.

Nosotros participamos y existimos dentro de un universo que proviene en su raíz de la eternidad del Ein Sof. Si todo hipotéticamente retornara al Ein Sof, la consciencia volvería al campo de la finitud, y, por lo tanto, las posibilidades de reproducción del Ein Sof en la finitud serían y son infinitas.

Nosotros participamos de la información infinita del Ein Sof, revelada en el campo de la finitud. Aunque el universo sea espacio-temporal, sabemos que la matriz del Ein Sof es eterna. Las almas entonces adquieren la consciencia de que son desplazamientos de vibraciones/energías/ materia/agujeros negros…, y una finita cantidad de acontecimientos que se desarrollan en el ámbito espacio-temporal que retorna al Ein Sof, y nuevamente el Ein Sof puede volver a crear otro universo donde nuestra información no ha desaparecido, es decir, ha desaparecido el tipo de forma de manifestación, pero la sustancia esencial de la matriz divina continúa eternamente. Entonces, en ese instante, alcanzamos el éxtasis de la victoria total. El alma deja de ser alma, la nada se apodera de todo, y el Ein Sof, al ser el todo y la nada al mismo tiempo, vence a todos los tiempos y a todos los espacios posibles.

El éxtasis nos reintegra a la consciencia oculta del Ein Sof y nos fusiona con Él en un nivel imposible de conceptualizar, a pesar de la cantidad de palabras que uno pueda estar leyendo en este mismo instante. Porque las palabras tendrían que tener otras palabras que las destruyan, y, a su vez, estas últimas palabras deberían tener otras que las destruyan hasta que accedamos al silencio, pero la eternidad incluso nos eleva a un nivel donde el silencio aún hace ruido. Entonces ya no sabemos dónde estamos, ni quiénes somos, ni existe pretensión de una definición conceptual de dónde estamos ni de quiénes somos porque todo es un continuo vibracional que nos aniquila, porque quedamos seducidos por el proceso de aproximación. Luego entramos en éxtasis por el proceso de fusión y después entramos en la eternidad, y es entonces allí, cuando el pensamiento queda nulo, cuando se revelan todas las respuestas y donde desaparecen todas las preguntas, o donde desaparecen todas las respuestas y se revelan todas las preguntas, porque las respuestas y las preguntas dejan incluso de oscilar entre sí. Porque en ese nivel, las respuestas y las preguntas se unifican en un no-concepto, donde todas las dualidades dejan de funcionar porque ya no existen las formas, porque en ese estado de revelación total la posibilidad de conceptualización dual queda anulada por la unidad total de todo en el todo.

En ese nivel de ocultamiento, toda la sustancia de las vibraciones del Ein Sof absorbe todas las formas. Entonces y solo entonces, cuando alcanzamos ese nivel podemos decir que hemos comido del Árbol de la Vida eterna.

El concepto de «Vida eterna» no se alcanza tras la muerte física, se alcanza realizando el trabajo en esta realidad material. Como sabemos, cuando el alma (Neshamá) sale del universo de Asiá entra en el universo de Briá y puede retornar a nuestra realidad espacio-temporal. Ahora bien, hay dos formas de comprender la «Vida eterna»: como la conexión de esa sensación de eternidad que tiene el alma, pero también como el conocimiento oculto que algún día vencerá tecnológicamente a la muerte física («el mal y la muerte desaparecerán para siempre»).[189]

Si la muerte física queda vencida, tendremos un problema y será el de como aumentar la intensidad de la vida sin la muerte. Es probable que las fuerzas de la divinidad nos permitan algún día comer del «Árbol de la Vida eterna»[190] cuando lo merezcamos. Ese merecimiento tiene que llegar si aumentamos el nivel de consciencia y llevamos a cabo el trabajo de rectificación del universo. La única forma de alcanzar el sentido del alma se encuentra dentro del proceso de rectificación constante.

La inmortalidad física podría ser una muerte más profunda que la muerte, porque una vida sin fin y sin sentido sería la muerte misma. Solo el sentido del alma le otorgaría a la inmortalidad una función coherente. Una inmortalidad sin un proyecto de vida, es decir, una inmortalidad al servicio de la sola supervivencia sin sentido no tendría sentido.

Quizás la Vida eterna solo se pueda sentir con la idea de nuestra muerte, porque quizás la verdadera muerte sea la inmortalidad sin sentido.

Lo que nos otorga la «Vida eterna», sea en la mortalidad física

189. Isaías 25.8.
190. Génesis 3.22.

como en la inmortalidad física, es el sentido, y el sentido es nuestro deseo potencial de ir en dirección al Dios-Infinito. Si nos atamos al sentido infinito de crecer hacia el Ein Sof, entonces seremos merecedores de la «Vida eterna» en términos físicos. La labor fundamental que debemos hacer es trabajar para revelar el sentido eterno oculto detrás de un Daat elevado al infinito.

Por lo tanto, por ahora la existencia se intensifica porque tiene un límite. Debemos lograr «intensificar la vida» dentro de la posible inmortalidad. Se dice que Enoc subió al cielo y es inmortal porque sigue estudiando y escribiendo. Todos debemos alcanzar el modelo de «Enoc» que encontró en el Daat el infinito, el sentido de su inmortalidad física.

Si ese límite desapareciera, estaríamos ante una reconfiguración de la vida misma.

Ahora, mientras tanto, tenemos una oportunidad de transición: podemos extender la vida biológica y aprovechar los años inyectándoles «sentido». Ahora bien, más allá del «sentido» que se corresponde con una comprensión profunda del vacío existencial, tema que ya he tratado en una obra anterior,[191] estamos estudiando y logrando una comprensión del nivel más alto de la «Emuná». Es decir, estamos más allá del sentido del alma, estamos trabajando dentro del éxtasis que provoca aumentar infinitamente los niveles del Daat a su máximo nivel de acuerdo a las posibilidades potenciales de cada una de las almas.

Estamos superando el sentido del alma, ya hemos sobrepasado el «sentido», ahora el alma ya conoce su sentido, por el cual llegó

191. *La Cábala. La psicología del misticismo judío*, Editorial Kairós, Barcelona, febrero de 2016.

a esta realidad material espacio-temporal; ahora estamos operativos en un nivel superior, en el nivel de la Emuná.

Estamos apoyándonos en el sentido del alma para extraer todo el potencial. La «Emuná» nos lleva al amor a la totalidad del universo y al amor infinito que nos aniquila dentro de su esencia. Estamos en un nivel de erotismo y sensualidad que supera todas las sensaciones materiales de nuestro cuerpo.

Por el pilar del medio del Árbol de la Vida hemos recorrido todos los niveles de ascenso, hemos disfrutado de la materia (Maljut), hemos disfrutado de la familia, de la pareja, de la pulsión sexual (Yesod), hemos realizado el máximo trabajo de interiorización (Tiferet), hemos logrado la copulación entre lo masculino y lo femenino dentro de nuestra alma y hemos alcanzado la comprensión que se eleva más allá del vacío (Daat), y ahora entramos a la luz más alta y potente de la «Emuná», del máximo deleite «Taanug» y la fortaleza indestructible de la voluntad, «Ratzon». En este nivel es cuando operamos en todos los niveles y utilizamos todos ellos en conjunto para bajar y subir de Keter a Maljut, y oscilar en toda la línea media del Árbol de la Vida.

Hemos logrado algo que lo podemos registrar dentro de nuestras almas, pero que no lo podemos comunicar, hemos logrado «Ver a Dios».

Bibliografía

Idel, Moshe. *Mesianismo y Misticismo*, Editorial Riopiedras, Barcelona, 1994.

Kaplan, Aryeh. *Meditación y Biblia*, Equipo difusor del libro, Madrid, 2004.

—. *Sefer Yetzirá: el libro de la Creación; teoría y práctica*, Mirach, Madrid, 1994.

—. *El Bahir*, Equipo difusor del libro, Madrid, 2005.

—. *Meditación y cábala*, Equipo difusor del libro, Madrid, 2002.

Saban, Mario Javier. *La Matriz intelectual del judaísmo y la Génesis de Europa*, Buenos Aires, agosto de 2005.

—. *Sod 22. El Secreto*, Buenos Aires, diciembre de 2011.

—. *El Misterio de la Creación: Maase Bereshit*, Buenos Aires, enero de 2013.

—. *La Cábala. La psicología del misticismo judío*, Editorial Kairós, Barcelona, febrero de 2016.

—. *La Merkabá: el misterio del Nombre de Dios*, Barcelona, 2018.

—. *30 Chispas de Luz*, Barcelona, 2019.

—. *Sefer Atzilut: el libro de la Emanación*, Barcelona, 2020.

—. *Las estrategias del Satán: el mal desde la cábala hebrea*. Barcelona, 2021.

Saban, Mario Javier y Sarmiento, Gio. *Talmid Mekubal*, Jojmá ediciones, Barcelona, marzo de 2021.

—. *El Dios Infinito: el Ein Sof. Tratado matemático-cabalístico*, Buenos Aires, 2021.

—. *Daat: el conocimiento: las 44 energías ocultas del Árbol de la Vida*, Jojmá ediciones, Barcelona, diciembre de 2021.

—. *Raz: el Mesías, el Mesías interior del alma y el fin de la mesianolatría interior*, Jojmá ediciones, Barcelona, enero de 2023.

Smith, David Chaim. *El espejo cabalístico del Génesis*, Editorial Obelisco, Barcelona, 2019.

Zukerwar, Haim David. *Kabalá: La esencia de la percepción judía de la reali-dad*, Editorial Índigo, Barcelona, 2006.

—. *La esencia, el Infinito y el alma*, Editorial Índigo, Barcelona, 2006.

editorial **K**airós

Puede recibir información sobre
nuestros libros y colecciones inscribiéndose en:

www.editorialkairos.com
www.editorialkairos.com/newsletter.html

Numancia, 117-121 • 08029 Barcelona • España
tel. +34 934 949 490 • info@editorialkairos.com